TDAH

Transtorno do Déficit de Atenção com Hiperatividade

Invenção
ou
Verdade?

Marcus Deminco

Marcus Deminco

Copyright © 2019 - Marcus Deminco
All Rights Reserved | Salvador – Bahia – Brazil
ISBN: 9781091428485
Independently Published

SOU ANDARILHO PEREGRINO
Trem sem trilho
Gramíneas sem milho
Maquinista valdevino

SOU ANDARILHO PEREGRINO
Peralvilho sem chegada
Bicho campesino
Correndo pela estrada

SOU ANDARILHO PEREGRINO
Com alma de aventureiro
Espírito forasteiro
E sonho de menino

SOU ANDARILHO PEREGRINO
Remendeiro do passado.
Vidente paladino
De futuro indecifrado

SOU ANDARILHO PEREGRINO
Cego romeiro errante
Perdido de mim, clandestino
Fugido da vida, viajante

SOU ANDARILHO PEREGRINO
Garimpeiro de ilusão
Na gruta incerta do destino
Passarinho sem alçapão

SOU ANDARILHO PEREGRINO
Destemido caçador
Adulto pequenino
Semente de lavrador

SOU ANDARILHO PEREGRINO
Vagamundo alienado
Missivista traquinino
Estafeta sem recado.

SOU ANDARILHO PEREGRINO
Funâmbulo da fatalidade.
Passadas de bailarino
Galgando felicidade.

Sumário

Nota Sobre Esta Edição

Estima-se que, atualmente, o Transtorno do Déficit de Atenção com Hiperatividade (TDAH) afeta 2,5% dos adultos, cerca de 3 a 7% das crianças em idade escolar (dos 6 aos 12 anos) de todo mundo, e em mais de 68% dos casos o transtorno permanece por toda vida.

Considerando esses dados e as intermitentes notícias sobre a veracidade e existência do TDAH, o principal objetivo deste livro foi elucidar de maneira sóbria essas polêmicas, apresentando argumentos, depoimentos de diversas pessoas diagnosticadas com o Transtorno — além de apresentar uma ampla variedade de instrumentos e testes que possibilitam — não apenas uma melhor compreensão sobre o transtorno, como oferecer recursos para que você mesmo possa avaliar a possibilidade da presença do Transtorno do Déficit de Atenção com Hiperatividade (**TDAH**) em crianças, jovens, e adultos.

No entanto, de maneira alguma, os recursos disponíveis aqui — ainda que de grande valimento — possuem o caráter de asseverar qualquer diagnóstico. Vale salientar que o diagnóstico do

TDAH é estritamente clínico, e nenhuma ferramenta isolada substitui a análise observacional minuciosa e uma anamnese específica realizada por um profissional especializado, capacitado e experiente. É importante destacar também que — em virtude de boa parte do conteúdo desse livro ter sido traduzido de outros idiomas — possivelmente, algumas expressões e/ou trechos aparentem uma pequena Imprecisão e/ou ambiguidade de linguagem.

Sobre o Autor

Marcus Deminco (Salvador-BA. 28/Set/76). Escritor e Psicólogo brasileiro. Doutor Honoris Causa em Transtorno do Déficit de Atenção com Hiperatividade (**TDAH**) *Practitioner* e Tutor de Programação Neurolinguística (PNL); autor de artigos científicos no Portal dos Psicólogos (O maior Site sobre Psicologia em Portugal). Além de ser dono de diversas frases — textos e

pensamentos compartilhados em sites e redes sociais, entre seus escritos — o propalado texto Por que ler Paulo Coelho? — bastante elogiado pelo próprio escritor Paulo Coelho entre os seus leitores. Marcus Deminco é também autor dos Livros:

1. EU & MEU AMIGO DDA – Autobiografia de um Portador do Distúrbio do Déficit de Atenção.
2. RITALINA x **TDAH** — Mitos e Verdades
3. **TDAH** — Transtorno do Déficit de Atenção / Hiperatividade. Verdade ou Invenção?
4. O Segredo de Clarice Lispector. (Portuguese Edition)
5. The Secret of Clarice Lispector (English Edition)

6. El Secreto de Clarice Lispector (Spanish Edition)

7. VERTYGO – O Suicídio de Lukas (Portuguese Edition)

8. VERTYGO – The Suicide of Lukas. (English Edition)

9. Helen Palmer – Uma Sombra de Clarice Lispector (Portuguese Edition)

10. Helen Palmer — A Shadow of Clarice Lispector (English Edition)

11. Transtorno Bipolar — Aspectos Gerais (Portuguese Edition)

12. Bipolar Disorder — General Aspects (English Edition)

13. Programação Neurolinguística – Começando pelo começo (Portuguese Edition)

14. Neuro-Linguistic Programming — Beginning by the Beginning (English Edition)

15. Mensagens para Postar, Curtir & Compartilhar. Vol. 1

16. Mensagens para Postar, Curtir & Compartilhar. Vol. 2

17. Mensagens para Postar, Curtir & Compartilhar. Vol. 3

18. Coleção de textos em E-Cards. Vol. 1

19. Coleção de Textos em E-Cards. Vol. 2

20. Compilação de Textos & Contos Reflexivos (Portuguese Edition)

Prêmios & Homenagens

a) Autor do texto Estafeta Sem Rumo do Prêmio Cecílio Barros Pessoa de Antologia – Academia Cabista de Letras, Artes e Ciências de Arraial do Cabo – RJ.

b) Doutor Honoris Causa em **TDAH** pela *Brazilian Association of Psychosomatic Medicine* em reconhecimento a contribuição científica e relevância social do livro: Eu & Meu Amigo DDA - Autobiografia de um Portador do Distúrbio do Déficit de Atenção.

c) Um dos vencedores do Prêmio: Além da Terra, Além do Céu de poesia contemporânea – Editora Chiado (Portugal).

d) Um dos Selecionados no Concurso Nacional de Novos Poetas — Sarau Brasil 2018 com o Texto "A Atormentação Criadora" — realizado pela Vivara Editora Nacional.

Fale com Marcus Deminco

E-mail: marcusdeminco@gmail.com
Website: http://marcusdeminco.com/
Blog: http://marcusdeminco.blogspot.com.br/
Twitter: https://twitter.com/marcusdeminco
Facebook: https://www.facebook.com/marcus.deminco
Pinterest: https://www.pinterest.com/marcusdeminco/
Instagram: @marcusdeminco
Youtube: https://www.youtube.com/channel/UCRu8yfSoLewjuX6GO6o7Nmw
G+: https://plus.google.com/u/0/114858320913983491464
Tumblr: http://deminco.tumblr.com/
Flickr: https://www.flickr.com/photos/143729713@N06/with/28004881736/
GoodReads: https://www.goodreads.com/author/show/7792932.Marcus_Deminco/
Pensador: https://pensador.uol.com.br/autor/marcus_deminco/

As Propaladas Noticias Sobre o TDAH e a Ritalina

DE repente, diversas celebridades do mundo inteiro diagnosticadas com o Transtorno do Déficit de Atenção com Hiperatividade (**TDAH**) começaram a tornar público detalhes sobre suas vidas e experiências com o Transtorno. Entre os famosos, Steve Jobs, Bill Gates, Steven Spielberg, Tom Cruise, Jim Carrey, Justin Timberlake, Will Smith, Danny Glover, Sylvester Stallone, Michael Jordan, Michael Phelps, Simone Biles, etc.

Consequentemente, o **TDAH** passou a simbolizar uma condição bem menos depreciativa que aquelas primitivas ideias atreladas a limitações e/ou incapacidades. Ao passo em que possuir o Transtorno, adquiria até mesmo um certo "status" de inteligência, de prodigiosidade. Como sendo uma condição mais frequente entre pessoas diferenciadas, talentosas, criativas, atletas extraordinários, etc.

Contudo, se o então relógio que jamais havia aferido o meu tempo em conformidade com a cronologia ordinária dos outros homens estava finalmente sincronizado; se justamente naquele momento, talvez pela primeira vez na minha vida inteira, eu estava na mais perfeita concordância com os eventos do mundo contemporâneo, pouco tempo tive para desfrutar daquela minha despretensiosa pontualidade. Pois, quase que simultaneamente, começavam também a surgir inúmeras matérias tentando me desenquadrar, me deixar de fora da única situação na qual eu não havia me atrasado. Como se quisessem me colocar novamente no posto de retardatário, diversos factoides passavam a divulgar que aquele transtorno que eu possuía, já diagnosticado há onze anos, porém agora em plena moda, na mais propícia ocasião, simplesmente não existiria.

Porém, dentre as mais variadas notícias fabuladas, algumas merecem — até mesmo em recíproco desmerecimento — certo destaque. Durante o primeiro semestre de 2013, por exemplo, uma manchete replicada por diversos veículos de comunicação, questionava e respondia ao mesmo tempo: "Por que as crianças francesas não possuíam déficit de atenção?" Em seu conteúdo descritivo, as reportagens alegavam — com a propriedade de quem poderia no máximo pressupor que — a filosofia educacional, juntamente com uma abordagem psicossocial holística dos especialistas em saúde mental francesa — faziam o Transtorno do Déficit de Atenção com Hiperatividade (**TDAH**) simplesmente desaparecer, ou seriam capazes de reduzir a sua incidência em números ínfimos.

Mas, como ignorar a própria ignorância é a principal característica do ignorante, movidos por uma urgência irracional de desnudar ligeiro toda sua estupidez, esses jornalistas, colunistas, blogueiros e outros tantos analfabetos funcionais, auto instruídos pela presunção do que pensam saber — sem nem saber ao certo o que pensam — não se davam sequer ao trabalho de investigar a procedência dessas fontes, ou averiguar — ainda que fosse através de uma busca rápida pelo Google — a veracidade das asneiras antes de reproduzirem. Mas, conforme, já proferia Aristóteles: "O ignorante afirma, o sábio duvida, e o sensato reflete". E apesar de não simpatizar muito com a sensatez, algumas vezes — até mesmo por birra — sou suficientemente teimoso, ao ponto de agir em total discordância com aquilo que eu mesmo antipatizo, apenas para, eventualmente, ser capaz de refletir ponderadamente:

Afinal de contas, por que existiria uma Associação Francesa de Déficit de Atenção se o transtorno nem mesmo era frequente por lá? Ou por que teria uma página no Facebook (HyperSupers — **TDAH** France) com mais de 18.000 membros, fundada desde 5 de fevereiro de 2002 com a Missão de Ajudar pessoas afetadas pelo Transtorno de Déficit de Atenção com Hiperatividade (**TDAH**)? Será que os especialistas da Associação Francesa de Déficit de Atenção na ausência de pessoas com **TDAH**, estariam atendendo, produzindo artigos científicos, prestando serviços informativos, e orientando insetos hiperativos?

Outras reportagens — não menos irresponsáveis e igualmente fantasiosas — afirmavam que diversos jovens estariam usando a Ritalina (Cloridrato de Metilfenidato) com o objetivo de ficar mais aceso, e bem disposto em festas como *Raves* e carnavais. Em uma dessas matérias, inclusive, mencionavam o caso de um jovem enfermeiro que dizia se sentir gostoso, bonito, e com uma sensação de poder — além de experimentar um arrepio como se precedesse um orgasmo — toda vez que tomava o medicamento. Outro sujeito, afirmava fazer uso do remédio antes de sair para baladas, assegurando que sob o efeito da Ritalina ele já chegava às festas beijando todo mundo.

Confesso — com o sarcasmo contraditório da seriedade de quem confessaria alguma coisa realmente importante — que diante de todos esses casos, eu fiquei ironicamente preocupado: ou estariam me vendendo o medicamento falsificado, ou aquele comprimido que eu tomava diariamente, por tantos anos, seria qualquer outro remédio, exceto aquela tal Ritalina com tantos poderes mágicos. Primeiro, porque pela própria farmacodinâmica, sua substância causa muito mais um efeito apático que excitatório. Ao menos, é como funciona em meu organismo o princípio ativo da Ritalina que eu faço uso. Segundo que, indolente, com diminuição do desejo sexual, xerostomia (secura da boca), piora da sociabilidade, maior tendência à irritabilidade, além do efeito conhecido como "visão de túnel" (quando a pessoa se detém tão intensamente em algo, que ignora todas as outras coisas e pessoas ao seu redor), não aparentam ser sensações das mais agradáveis, nem tão libidinosas assim para alguém querer sair por aí badalando com tamanho entusiasmado.

Como se o bastante não fosse muito, ou como se o muito ainda não fosse o suficiente, vez por outra era reproduzida, em inúmeras páginas da web que não tinham nada de mais útil para divulgar, aquela mesma notícia velha, desatualizada e já desmentida há anos: a imagem de um senhor burlesco, ilustrando o título: "Dr. Leon Eisenberg, o pai do **TDAH**, disse pouco antes de sua morte que o **TDAH** é uma doença fictícia".

Deixando de lado, toda incoerência inserida nos dizeres que encimam essa notícia. Afinal, um pai declarar que seu próprio filho seria uma ficção inventada por ele mesmo, era no mínimo algo bastante descabido para já creditarem, antecipadamente, tanta veracidade a respeito do teor da notícia. No entanto, sempre que o tempo sobrava ao revés de faltar, eu acabava não me contendo em replicar alguns desses sites. Em um desses — através do espaço destinado para criticas, sugestões e comentários — resolvi redarguir a sua colunista, uma consultora farmacêutica e bioquímica.

Inicialmente, afirmei que na tradução do texto original em alemão, ela (ou algum outro tradutor igualmente incompetente) havia modificado toda veracidade dos fatos: naquilo que foi realmente dito, no local onde foi dito, quando foi dito, e por quem foi dito. Por exemplo, o próprio título não condiz com a verdade, nem com as informações relatadas por ela mesma no discorrer do seu próprio texto: "Confissão de leito de morte do inventor do **TDAH**: o **TDAH** é uma doença fictícia [...] Aos 87 anos de idade e sete meses antes de sua morte, o pai científico do **TDAH** declarou, em sua última entrevista: o **TDAH** é um excelente exemplo de doença fictícia".

Primeiro, porque a alegação de que o Dr. Leon Eisenberg teria declarado isso colocaria a data de seu enunciado por volta de fevereiro de 2009. Entretanto, quanto à documentação para a cotação putativa é fornecido em idioma Inglês, a afirmativa de que o **TDAH** seria uma doença fabricada, faz referência a uma entrevista realizada no dia 2 de Agosto de 2012 com o Professor de Psicologia da Universidade de Harvard, Dr. Jerome Kagan. E com o título, Spiegel Entrevista com Jerome Kagan: What about Tutoring Instead of Pills? (E sobre Explicações em vez de pílulas?), bastava apenas uma única resposta **(1.2)** do entrevistado para, enfim e finalmente, desmentir aquela noticia tão plagiada, defasada, recorrente e que enchia o saco de todo e qualquer portador de **TDAH**.

1.1 Spiegel: Especialistas falam que 5,4 milhões de crianças americanas apresentam os sintomas típicos do **TDAH**. Você está dizendo que este transtorno mental é apenas uma invenção?

1.2 Kagan: Isso é correto; é uma invenção. Toda criança que não está indo bem na escola é enviado para ver um pediatra, e o pediatra diz: "É **TDAH**, aqui tem Ritalina." De fato, 90% destes 5,4 milhões de crianças não têm um metabolismo anormal da dopamina. O problema é que, se o medicamento está disponível aos médicos, eles vão fazer o diagnóstico correspondente.

Ao passo em que outra matéria — não veiculada através do site, mas reproduzida pelo jornal *Der Spiegel* — deixava evidente que o Dr. Eisenberg em nenhum momento afirmou que o **TDAH** era um transtorno irreal. Em verdade, ele havia dito apenas que: *"A predisposição genética do **TDAH** é completamente é completamente superestimada".*

Em seguida, tão sério quanto a minha buliçosa impulsividade conseguiu refrear todo o ímpeto da minha ironia verbal, apresentei para a então colunista, o link de um site, onde pessoas, muito mais fundamentadas do que ela, apresentavam argumentos (pouco consistente, mas que já validavam mais do que todas essas notícias sem fundamentações) com intento de comprovar a inexistências das girafas. Afirmam que esses animais, quando aparecem em filmes são meras montagens, enquanto as dos jardins zoológicos, na melhor das hipóteses, seriam espécies de robôs. E consideram idiotas, todos aqueles que acreditam na existência do animal. Por fim, expliquei que talvez, o absurdo que se revelasse para ela diante dessas pessoas que não acreditavam em girafas, fosse tão incoerente para mim quanto aquelas que não acreditam na veracidade do **TDAH**.

No entanto, devo admitir que, imensamente mais ruinoso que todas essas deletérias notícias, ocorre quando o descredito surge, justamente, daquelas pessoas mais próximas da sua realidade. Conforme já havia relatado anteriormente, no livro *Tendência à Distração*, Edward Hallowell e John Ratey (1999) isso é mencionado, inclusive, entre o primeiro dos problemas mais comuns no tratamento do **DDA**:

> Certas pessoas, especialmente importantes na vida — pai, mãe, cônjuge, professor, patrão, amigo — não aceitam o diagnóstico de DDA. Eles não "acreditam" em DDA e não querem discutir sobre isso. É como se fosse contra sua religião ou visão de mundo. Eles fazem a pessoa com DDA se sentir uma fraude ou um impostor. Esse tipo de resposta descrente pode minar tanto a esperança que acompanha o diagnóstico, como o tratamento. Ouvem-se com frequência, variantes do tipo: "esse tal de DDA não existe. É apenas uma desculpa para a preguiça". [...] O importante é a informação. Apresente à pessoa os fatos. Atenha-se aos fatos, deles se valendo para enfrentar a superstição, os boatos, o disse-me-disse, os preconceitos e a desinformação. Procure evitar debates inflamados. É comum usarem-se as objeções ao diagnóstico para esconder questões emocionais. Pode haver raiva da pessoa diagnosticada. Pode haver ressentimentos em relação à

pessoa por todos os seus erros e não se desejar que ela escape facilmente com um diagnóstico. Querem punição e por isso ficam cada vez mais com raiva ante a noção de DDA, tentando fazê-la cair em descrédito. Nesses momentos é melhor ficar com a ciência, por isso permaneça com os fatos que temos a respeito do DDA. Em algum momento os sentimentos de raiva deverão ser tratados pelo que são: raiva em geral decorre de um comportamento passado irritante por parte da pessoa com DDA. Esses sentimentos são perfeitamente compreensíveis e válidos. Não deveriam, no entanto, ser usados para se invalidar um diagnóstico correto do DDA.

Confesso ainda — contra toda a minha vontade de omitir que — o desabono sobre a minha condição, nunca se limitou somente ao **TDAH**. Jamais tive, sequer, uma percepção cumpliciada de todo o prejuízo que uma vida acadêmica inteira com Dislexia havia me custado. Dos baixos rendimentos escolares, passando pela incompreensão de quase tudo aquilo que eu lia e/ou escrevia. Desencadeando graves problemas caracterizados no reconhecimento preciso ou fluente das palavras, problemas de decodificação, e dificuldades ortográficas. Conforme Willcut (2001) afirma, a presença de **TDAH** aumenta significativamente o comprometimento do processamento de leitura em pacientes disléxicos: a leitura requer considerável nível de atenção para selecionar as informações relevantes e ignorar estímulos menos importantes. Pessoas com **TDAH** em comorbidade com Dislexia apresentam mais problemas comportamentais, menor autoestima, maior incidência de abandono escolar, e um pior prognóstico quando comparadas ao grupo com **TDAH** ou Dislexia isoladamente.

> A Dislexia é o Transtorno de Aprendizado (TA) mais comum, ocorrendo em cerca de 8% das crianças em idade escolar. Estimativas mais conservadoras apontam para a prevalência de TA em aproximadamente 25% das crianças com TDAH. Tanto o TDAH quanto Dislexia estão associados a múltiplos déficits neuropsicológicos, em particular com comprometimentos das funções executivas (WILLCUT, 2001).

Não sei se pela ausência de autopiedade que nunca me incitou a vocação para interpretar o vitimista — ou porque para mim sempre foi dado o papel de compreender o transtorno de todos à minha volta. No entanto, a prevalência da verdade é que, sem nunca perceber o profundo constrangimento que aquele tipo de descaso sobre a minha condição me causava, no dia 25 de Novembro de 2013, recebi de uma "pessoa tão próxima da minha realidade", um e-mail com o link de uma entrevista, tão absurda e abstrata como algumas já citadas anteriormente:

> Uso indiscriminado de Ritalina pode causar 'genocídio do futuro', diz pediatra.

> Indicada para tratar portadores de déficit de atenção e hiperatividade (TDAH), a Ritalina vem sendo indicada de maneira descontrolada no país. Atualmente, o Brasil ocupa a segunda posição mundial de consumo da droga, atrás apenas dos Estados Unidos. No caso das crianças, que tem o organismo ainda em fase de crescimento, o risco é ainda maior. "Fala-se muito que, se a criança não for tratada, vai se tornar uma dependente química ou delinquente.

Nenhum dado permite dizer isso. Então não tem comprovação de que funciona. Ao contrário: não funciona. E o que está acontecendo é que o diagnóstico de TDAH está sendo feito em uma porcentagem muito grande de crianças, de forma indiscriminada", diz a pediatra Maria Aparecida Affonso Moysés, docente do Departamento de Pediatria da Faculdade de Ciências Médicas (FCM) da Unicamp. A especialista diz que se não haver um controle mais rigoroso sobre a droga, as gerações futuras poderão sofrer consideravelmente. "A gente corre o risco de fazer um genocídio do futuro". A Ritalina é um Metilfenidato, da família das anfetaminas, e tem como objetivo, melhorar a concentração, diminuir o cansaço e acumular mais informação em menos tempo. Ocorre que a droga pode trazer dependência química, pois tem o mesmo mecanismo de ação da cocaína, e é classificada pela Drug Enforcement Administration como um narcótico. As reações adversas ao consumo da droga se dão em todo o organismo e, no sistema nervoso central, são mais incisivas. "Isso é mencionado em qualquer livro de Farmacologia. A lista de sintomas é enorme. Se a criança já desenvolveu dependência química, ela pode enfrentar a crise de abstinência. Também pode apresentar surtos de insônia, sonolência, piora na atenção e na cognição, surtos psicóticos, alucinações e correm o risco de cometer até o suicídio. São dados registrados no Food and Drug Administration (FDA).

Desconsiderando o prognóstico nefasto utilizado como título da entrevista, inicialmente, o ligeiro descuido da pediatra em mencionar apenas o nome de comercialização de um dos medicamentos, a Ritalina, ao invés de citá-los em alusão ao seu princípio ativo, o Cloridrato de Metilfenidato, que além de abranger os nomes comerciais dos outros tipos de Metilfenidatos disponíveis no Brasil — proporcionaria aos leitores uma maior compreensão quanto a sua diferenciação nas dosagens, dos laboratórios fabricantes, e principalmente, em relação ao seu tempo de ação:

a) Ritalina® 10 mg. (Laboratório Novartis): Metilfenidato de ação curta, com efeito, de 3 a 5 horas;

b) Ritalina ® LA 20, 30, e 40 mg. (Laboratório Novartis): Metilfenidato de ação prolongada, com efeito de aproximadamente 8 horas;

c) Concerta ® 18, 36 ou 54 mg. (Laboratório Janssen-Cilag): Metilfenidato de ação prolongada, com efeito, de 10 a 12 horas;

Ao declarar que o medicamento é "indicado para tratar portadores de déficit de atenção e hiperatividade (**TDAH**)" — embora possa, mas não deva considerar como um grave equívoco — a mera omissão do termo "transtorno" ou "distúrbio" antecedendo a expressão "déficit", já na utilização da vogal "e" ao entreato das palavras "atenção" e "hiperatividade", ela aparenta desconhecer a existência dos casos onde o transtorno ocorre sem a presença da hiperatividade. Em virtude disso, inclusive, desde 1994 a Associação Americana de Psiquiatria (*American Psychiatric Association* — APA) adotou o termo Transtorno do Déficit de Atenção com Hiperatividade, com o uso da barra precedendo "Hiperatividade" como demonstração de que o transtorno pode surgir com ou sem a hiperatividade, apesar da hiperatividade ser o sintoma que mais define este quadro. Ainda nesse mesmo trecho, ela demonstra também não saber que além do **TDAH**, o Metilfenidato é utilizado no tratamento dos casos de Narcolepsia, e da Hipersonia Idiopática.

Seguidamente, quando afirma que "a Ritalina vem sendo indicada de maneira descontrolada no país. Atualmente, o Brasil ocupa a segunda posição mundial de consumo da droga, atrás apenas dos Estados Unidos". Mesmo sem mencionar dados, prognósticos, percentuais, estatísticas, estimativas, mentiras etc. ou qualquer espécie de recurso adiante de suas falácias, como minimamente se espera de alguém com especialidade sobre aquilo que fala, ainda assim, ela consegue a incrível façanha de cometer graves erros numéricos pela própria desídia daquilo que não sabe. Embora entre Set./2011 e Out./ 2012, o consumo de Metilfenidato no Brasil tenha apresentado um aumento significativo de 1.853.930 na quantidade de caixas vendidas, existem dois fatores antagônicos, mas igualmente lógicos que a pediatra, certamente não sabe. Ou se tem conhecimento — diferentemente da normalidade daqueles que sabem sobre o que estão falando — ela preferiu demonstrar sua insipiência:

1º. Apesar do grande aumento na vendagem de Metilfenidato, se considerarmos os dados referentes à prevalência do **TDAH** no Brasil em torno de 17 milhões de pessoas, mesmo com todas essas 1.853.930 de caixas, cerca de 30 mil pacientes apenas estariam em tratamento com o Metilfenidato no país.

2º. Todavia, é impossível saber se existe realmente um excesso no consumo de Metilfenidato no país, sem saber antes a quantidade do medicamento que está sendo utilizado para o tratamento dos casos de Narcolepsia e Hipersonia Idiopática, o percentual das pessoas diagnosticadas com o **TDAH** que estão sendo tratadas com o Metilfenidato, adivinhar (já que não se pode saber) quantas caixas são adquiridas de maneira ilegal, conseguir ter acesso a quantidade de Metilfenidato fornecida ao SUS (que não são contabilizados nas pesquisas) para somente assim, fazer a correlação entre todos esses dados com a prevalência do **TDAH** no país.

3º. Isso tudo desconsiderando que a entrevistada ignora completamente o agravante fator de — diferentemente dos outros países — existir somente o Metilfenidato como substância medicamentosa de primeira escolha disponível para o tratamento do **TDAH** no Brasil. O que, inevitavelmente, potencializa muito o seu consumo.

Ao mencionar vagamente, como, aliás, faz durante o texto inteiro: "Fala-se muito que, se a criança não for tratada, vai se tornar uma dependente química ou delinquente. Nenhum dado permite dizer isso. Então não tem comprovação de que funciona. Ao contrário: não funciona". Bem... Já quanto ao trecho em que a *pseudoespecialista* menciona os riscos da falta de controle, alegando: "[...] se não haver um controle mais rigoroso sobre a droga, as gerações futuras poderão sofrer consideravelmente". Confesso que não sei se a reforma ortográfica modificou tanto assim a conjugação do verbo "haver", nem se foi conjugado por ela mesma, ou se foi transcrito por alguém igualmente estúpido.

Posteriormente, afora o uso de expressões hipotéticas, quando ela assevera que o medicamento não funciona, além de contradizer os inúmeros artigos científicos disponíveis, normalmente, no meio acadêmico quando afirmamos ou discordamos de algo, devemos apresentar algum tipo de recurso técnico e/ou científico (pesquisas, artigos, etc.) para fundamentar aquilo que defendemos. Ela, ao contrário dos verdadeiros especialistas, para sustentar os seus argumentos, não recorre nem mesmo a *Wikipédia* como alegação de sua fonte de coleta de dados.

Ao dizer que "A Ritalina é um Metilfenidato, da família das anfetaminas, e tem como objetivo, melhorar a concentração, diminuir o cansaço e acumular mais informação em menos tempo. Ocorre que a droga pode trazer dependência química, pois tem o mesmo mecanismo de ação da cocaína, e é classificada pela *Drug Enforcement Administration (DEA)* como um narcótico", a entrevistada expressa justamente o oposto do que afirmam inúmeros estudos: a eficácia do Metilfenidato tem sua ação comprovada na redução dos sintomas de déficit de atenção, no melhor desempenho das atividades motoras, na diminuição da hiperatividade, no controle dos impulsos, e — ao extremo revés do que ela diz ao léu — o uso do Metilfenidato, dos tipos de liberação prolongada, proporcionam até mesmo uma inibição do abuso de drogas.

Já sobre "diminuir o cansaço e acumular mais informação em menos tempo", ou ela padece de algum tipo de alienação mental, ou lhe falta uma capacidade razoável para conseguir compreender alguma realidade fora das suas opiniões pessoais. Por inépcia, ignorância ou incompetência, a pediatra cita entidades com atribuições que não são de suas competências. Nos Estados Unidos, o *Drug Enforcement Administration* (DEA) não é a instituição responsável pela classificação das drogas. A missão do DEA é fazer cumprir as leis referentes às substâncias controladas, e fiscalizar organizações e/ou pessoas envolvidas na fabricação e/ou distribuição dessas substâncias. Em verdade, compete a *Food and Drug Administration* (FDA), órgão de vigilância sanitária dos EUA, a responsabilidade da classificação de drogas e/ou medicamentos.

No que se refere à analogia que ela tenta criar entre a Cocaína, a Anfetamina, e o Metilfenidato, é importante destacar que somente duas anfetaminas são comercializadas legalmente no Brasil: a Dextroanfetamina, e a Metanfetamina. E apesar das três substâncias apresentarem Fórmulas Químicas similares:

(A) Metilfenidato ($C_{14}H_{19}NO_2$);

(B) Anfetamina ($C_9H_{13}N$);

(C) Cocaína ($C_{17}H_{21}NO_4$),

Elas são totalmente divergentes em relação à farmacocinética (via de administração, absorção, biotransformação, biodisponibilidade e excreção). Também são distintas quanto as principais substâncias químicas (neurotransmissores) que se interagem, como se interagem. E, sobretudo, atuam em diferentes regiões do cérebro. Enquanto o Metilfenidato age nas camadas mais externas do cérebro, conhecida como região cortical (local relacionado a funções da memória, atenção, consciência, linguagem, percepção e pensamento), a Cocaína e a Anfetamina atuam no *Núcleo Accumbens*, porção do "sistema de recompensa" (uma das principais áreas responsáveis pela predisposição na dependência química e física). A Cocaína e a Anfetamina são Inibidores da Monomania Oxidase (IMAO) promovem o aumento da disponibilidade da noradrenalina e da serotonina na fenda sináptica (espaço entre dois neurônios). O Metilfenidato, por sua vez, é um Inibidor da Recaptação de Dopamina (IRD), no entanto, além de não ativar o "sistema de recompensa" atua mais na modulação dos níveis de Dopamina que da Noradrenalina.

De modo grosseiro — propagado somente pelo senso comum — de onde presumo derivar o inexistente conhecimento da pediatra, pode-se dizer que o Metilfenidato funciona pelo que, usualmente, é chamado de "efeito paradoxal", ou seja, é um psicoestimulante, mas que apresenta um efeito contrário.

Mesmo reproduzidas por jornalistas e/ou profissionais não especializados, sem mencionar referências, reportar artigos científicos, ou apresentar qualquer pesquisa que validem suas afirmativas mentirosas, esses tipos de matérias caluniosas — de alguma forma irresponsável e alienante — transmitem aos leitores uma falsa ideia de que possam existir dúvidas quanto à existência do **TDAH**.

Afirmar que o **TDAH** não existe, assim como proferir que os medicamentos utilizados para o seu tratamento são "perigosos" além da explícita demonstração de ignorância, pode ser configurado como crime, porque veicula informações erradas sobre tema de saúde pública. Reproduzir notícias equivocadas, enquanto omite centenas de dados científicos que documentam os benefícios, a eficácia e a segurança dos medicamentos usados no tratamento do **TDAH**, não apenas dificulta e retarda o acesso da população ao diagnóstico e ao tratamento, como revela má-fé, descomprometimento aos princípios básicos do jornalismo, e expressa uma das mais perversas formas de discriminação contra as pessoas que sofrem de transtornos e/ou deficiências mentais: a Psicofobia.

A Organização Mundial de Saúde (OMS) define Saúde Mental como um estado de bem-estar no qual o indivíduo é capaz de exercer suas aptidões, manejar os eventos estressantes normais da vida, trabalhar produtivamente e contribuir para sua comunidade. Um Transtorno Mental, portanto, pode ser entendido como uma condição médica que altera este estado provocando prejuízo no desempenho global do indivíduo. De acordo com a Associação Brasileira de Psiquiatria (ABP) estima-se que mais de 40 milhões de pessoas no Brasil sofram de algum tipo de transtorno mental. Dessa maneira, aqueles que sofrem de Transtornos Depressivos, Transtorno Obsessivo-Compulsivo (TOC), Transtorno do Déficit de Atenção com Hiperatividade (**TDAH**) entre outras tantas doenças mentais, começam a se sentir cada vez mais excluídos, diante desses tipos de manifestações preconceituosas difundidas pela mídia.

Sobre a existência e a veracidade do **TDAH**, vale ressaltar que — além de ser reconhecido oficialmente pela Organização Mundial da Saúde (OMS) — o **TDAH** é validado também por um Consenso Internacional: produção científica publicada após extensos debates entre pesquisadores de diferentes culturas, instituição, e que não compartilham necessariamente as mesmas ideias sobre todos os aspectos de um transtorno. Segundo a *American Psychiatric Association* (1994) o **TDAH** é um dos transtornos mais bem estudados na medicina, e os dados gerais sobre sua validade são muito mais convincentes que a maioria dos transtornos mentais, e até mesmo que muitas condições médicas.

Atualmente, o **TDAH** é o motivo mais frequente entre as crianças e os adolescentes encaminhados para atendimentos em serviços especializados. Estima-se que ele afeta 2,5% dos adultos, cerca de 3 a 7% das crianças em idade escolar (dos 6 aos 12 anos) de todo mundo, e em mais de 68% dos casos o transtorno permanece por toda vida. De acordo com o Manual Diagnóstico e Estatístico de Transtornos Mentais em sua 5ª edição (DSM-V), o **TDAH** é mais comum no sexo masculino do que no feminino, na proporção de 2:1 em crianças, e de 1,6:1 em adultos. As características ligadas a desatenção apresentam maior incidência em pessoas do sexo feminino, enquanto os sintomas referentes a hiperatividade e impulsividade são mais observados no sexo masculino. O transtorno costuma ainda apresentar elevadas taxas de comorbidades: em crianças com **TDAH**, mais de 50% dos casos surge com a presença de — pelo menos — algum outro transtorno comórbido, e aproximadamente 10% delas, desenvolvem três ou mais comorbidades. Pesquisas indicam que entre as crianças, as mais frequentes são:

- Transtorno Desafiador de Oposição — 40 %
- Transtornos de Ansiedade — 34%
- Transtorno de Conduta — 14%
- Transtornos de Aprendizagem (Leitura, Cálculo e/ou Escrita) — 10 a 25%
- Transtorno de Tiques — 11%

- Transtornos do Humor — 4%

Já entre os adultos com **TDAH**, as comorbidades afetam aproximadamente 70% dos pacientes — sendo que destes, 97% possuem até quatro transtornos comórbidos. Estudos indicam que para cada cinco adultos em tratamento de algum outro distúrbio, pelo menos um deles possui o **TDAH**. Entre as comorbidades mais comuns observadas em adultos estão:

- Depressão — 20 a 30%
- Transtorno de ansiedade –20 a 30%
- Uso de substâncias — 25 a 50%
- Tabagismo — 40%
- Transtorno de personalidade antissocial — 25%
- Transtorno de sono — 75%

Além de desencadear sérios prejuízos de produtividade e motivação nas atividades acadêmicas, vocacionais, bem como uma habilidade reduzida para expressar ideias e emoções, instabilidade nos diferentes tipos de relacionamentos, prejuízo da memória de execução, retraimento social, efeitos negativos da própria imagem, etc. Transtorno do Déficit de Atenção com Hiperatividade (**TDAH**) costuma causar uma série de impactos ao decurso da vida de uma pessoa:

1) Adultos com **TDAH**, independente do grau de instrução, ganham salários significativamente inferiores aos de adultos sem o transtorno. O estudo mostrou que a diferença é em torno de 10 mil dólares anuais para os indivíduos com formação superior e de 4 mil para aqueles com apenas o segundo grau;

2) 25% dos adultos com **TDAH** não terminam o 2° grau contra 1% dos adultos sem **TDAH**;

3) Apenas 15% dos adultos com **TDAH** cursam a universidade contra mais de 50% dos adultos sem **TDAH**;

4) Adultos com **TDAH** menos frequentemente concluem uma Universidade;

5) Adultos com **TDAH** menos frequentemente conseguem empregos de período integral do que adultos sem transtorno. Item responsável por 17% dos 77 bilhões de dólares de perdas projetados no estudo. Gerando impacto econômico sobre a sociedade;

6) Cerca de 25% dos estudantes com **TDAH** apresentam problemas de aprendizado em algum destes setores: expressão oral, compreensão, interpretação de textos e matemática;

7) 30% das crianças e adolescentes com **TDAH** repetem ao menos um ano escolar, repetições múltiplas ocorrem em 21%;

8) 35% dos adolescentes com **TDAH** abandonam os estudos, 45% são expulsos das escolas e 21% cabulam aulas repetidamente;

9) Estima-se que o desenvolvimento emocional das crianças com **TDAH** é cerca de 30% mais lento do que o de crianças sem o transtorno. Por exemplo, uma criança de 10 anos com **TDAH** opera num grau de maturidade de 7 anos. Um jovem motorista de 16 anos com **TDAH** tem um perfil de decisões de uma criança de 11 anos;

10) 65% das crianças com **TDAH** apresentam comportamentos de desafio da autoridade como hostilidade verbal e birras;

11) Crianças com **TDAH** mais frequentemente são vítimas de traumatismos cranianos ou poli traumatismo, intoxicações acidentais e internação em UTI em decorrência destas intercorrências médicas;

12) Crianças com **TDAH** apresentam um risco 3 vezes maior de acidentes domésticos, 2 vezes maior de traumas, suturas e hospitalizações e 20% delas são responsáveis por incêndios sérios em suas comunidades;

13) Maior risco de gravidez antes dos 18 anos de idade e doenças sexualmente transmissíveis em jovens com **TDAH**;

14) Jovens com **TDAH** apresentam um risco 4 vezes maior de causar acidentes, 7 vezes maior de acidentes múltiplos e com vítimas, e 4 vezes maior a incidência de multas (por excesso de velocidade e por não respeitar sinais de trânsito);

15) Jovens com **TDAH** apresentam maior risco de uso, abuso e dependência de substâncias. Numa pesquisa o uso de tabaco

foi informado por 50% dos jovens com **TDAH** contra 27% dos jovens sem o transtorno, uso de álcool 40% contra 28% e de maconha 17% contra 5%;

16)   Separação ou divórcio ocorre 3 vezes mais entre os pais de crianças com **TDAH** do que pais de crianças sem o transtorno;

17)   49% das crianças com **TDAH** apresentam dificuldades de se relacionar com outras crianças contra 18% dos controles (crianças sem **TDAH**);

18)   72% das crianças com **TDAH** têm conflitos com os irmãos e outros familiares contra 53% dos controles;

19)   48% das crianças com **TDAH** apresentam facilidade de adaptação a novas situações contra 84% dos controles;

20)   18% das crianças com **TDAH** referem ter bons amigos contra 36% dos controles;

21)   52% das crianças com **TDAH** necessitam da ajuda dos pais nas tarefas escolares contra 28% dos controles;

22)   26% das crianças com **TDAH** necessitam da ajuda dos pais para se aprontarem para ir à escola contra 16% dos controles;

23)   Estudos comparativos mostram que adultos com **TDAH** apresentam em maior frequência: drogadição (ou toxicodependência), tentativa de suicídio, divórcio, desemprego, insatisfação profissional e desajuste social.

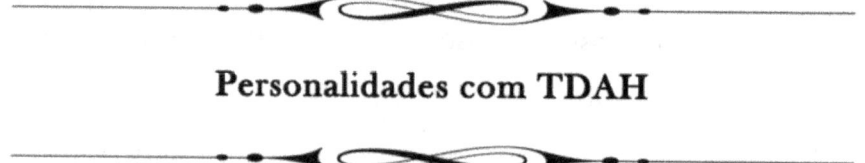

Personalidades com TDAH

O TDAH é um dos transtornos mentais com maiores recorrências no planeta. De pobre a rico, ateu a fanático e famoso a anônimo: existem todos perfis de portadores. Para quebrarmos alguns paradigmas sobre o transtorno (como o de que acredita-se que ele impede alguém de ser bem-sucedido e eficiente no que faz), trouxe hoje casos de pessoas famosas que possuem o TDAH. Talvez você conheça alguns casos, mas com certeza outros serão bem surpreendentes! Confira:

1. Sabrina Sato. A japa sofre do transtorno e é um dos casos de brasileiros famosos com TDAH mais conhecidos. Ela fala abertamente sobre as dificuldades que já enfrentou e ainda enfrenta por causa do Transtorno de Déficit de Atenção e Hiperatividade.

2. Sylvester Stallone. Sim, gente. O grande, eterno e lendário Rambo tem TDAH!

3. "Magic" Johnson. O jogador considerado o maior armador da NBA também tem TDAH.

4. Tom Cruise. Ser um (mundialmente) reconhecido e bem-sucedido ator com TDAH parece uma missão impossível para você? Para Tom Cruise não.

5. Jim Carrey. O caso de Jim com o transtorno é bem conhecido mundialmente. O ator personifica bem o TDAH com seu jeitão desastrado e agitado, não acha?

6. Príncipe Charles. O primeiro na linha de sucessão e detentor dos títulos de Príncipe de Gales na Inglaterra também sabe na pele o que é viver o TDAH.

7. Einstein. O maior gênio da humanidade é um caso conhecidíssimo de TDAH. Ele mostra claramente que o transtorno não impede ninguém de – à base de muita vontade, incentivo e esforço – alcançar eficiência, prestígio e reconhecimento.

8. Walt Disney. Por mais difícil que o transtorno possa ser, Walt Disney é o caso perfeito que ser TDAH tem suas vantagens, incluindo a mente livre e criativa (que contribuiu para o nascimentos dos clássicos da marca de mesmo nome de seu idealizador).

9. Pablo Picasso. Picasso ficou eternizado por suas obras inigualáveis, mas também deixa um legado pouco conhecido de superação do TDAH.

10. Salvador Dalí. O jeito excêntrico de Dali acompanhavam o TDAH que ele tinha. Ele é mais uma prova de que a criatividade do portador é gigante, formadora, inclusive, de uma extensa lista de artistas que possuem o transtorno.

11. Caitlyn (Bruce) Jenner. A ex-atleta transsexual já foi aclamada como "maior atleta do mundo" em 1976, durante as Olimpíadas de Verão, nos EUA, e tem TDAH.

12. Steve Jobs. Jobs também teve TDAH e é mais um caso que comprova o potencial criativo dos portadores.

13. Danny Glover. O ator e ativista também possui o transtorno.

14. David Neeleman. O empresário brasilo-estadunidense, descendente de neerlandeses e americanos, fundador das companhias aéreas estadunidenses JetBlue Airways, Morris Air, da canadense WestJet e da Azul Linhas Aéreas Brasileiras, também tem TDAH. Dá pra acreditar que o multibilionário David tem o mesmo transtorno que nós?

15. Adam Levine. Adam Noah Levine é um músico norte-americano. É o vocalista e guitarrista da banda Maroon 5. Também participa no reality show: The Voice - Estados Unidos. Ele é um mundialmente conhecido caso do Transtorno de Déficit de Atenção e Hiperatividade.

16. Howie Mandel. Howie é um humorista estadunidense e criador do famoso "Mundo de Bobby". Por coincidência (ou não), o criador do personagem ícone do TDAH tem o transtorno.

17. Jennifer Lawrence. A atriz protagonista do "The Hunger Games" (Jogos Vorazes) e vencedora do Oscar de melhor atriz também sabe na pele o que é ter TDAH.

18. Justin Timberlake. Com uma carreira muito bem consolidada e voz e gingado inconfundíveis, Justin prova que um transtorno mental como o TDAH não é impeditivo o suficiente para quem sabe o que quer e faz acontecer.

19. Michael Jordan. Esse portador de TDAH é "nada mais, nada menos" que o cara considerado o maior jogador de basquete da história.

20. Michael Phelps. O mito das piscinas e maior medalhista olímpico da história, Michael Phelps, também tem TDAH.

21. Michelle Rodriguez. Mayte Michelle Rodriguez é uma atriz norte-americana conhecida pelos filmes The Fast and the Furious, Fast & Furious, Fast Six, Resident Evil, Resident Evil: Retribution, Avatar e S.W.A.T.. E pela série de televisão Lost.

22. Sir Richard Branson. Richard Charles Nicholas Branson, é um empresário britânico, o fundador do grupo Virgin. Seus investimentos vão da música à aviação, vestuário, biocombustíveis e até viagens aeroespaciais.

23. Solange Knowles. Solange Piaget Knowles é uma cantora, compositora, DJ, dançarina, atriz e modelo norte-americana. É irmã da também cantora Beyoncé.

24. Will Smith. O transtorno não impediu que ele se tornasse (nada mais, nada menos) que um dos atores mais respeitados do mundo, rapper, produtor cinematográfico, produtor musical e produtor de televisão.

25. Bill Gates. Quem achou que Jobs estaria representando sozinho o grande mundo dos negócios de tecnologia se enganou: o fundador da mais conhecida empresa de T.I., Bill Gates, também tem TDAH.

26. Tracey Gold. A atriz americana Tracey Gold também é protagonista da nossa lista de famosos com TDAH.

27. Usain Bolt. O homem mais rápido do mundo também sabe o que é ser tachado por ser inquieto... E isso o levou a um número gigantesco de medalhas olímpicas!

28. Christopher Knight. Christopher é um ator estadunidense e encerra essa nossa lista de famosos com TDAH.

Depoimentos de Pessoas com TDAH

Eu Sou Assim

Eu sabia que era diferente, desde pequena. Nasci assim. Será que sou só eu? Perguntava, perguntava e não tinha resposta. Sempre me senti uma estranha no ninho, um ser de algum lugar que não fosse esse. Não sabia, apenas não sabia. Sempre senti tudo ao extremo. Amor, mágoa, amizade e todos os sentimentos unidos em um só. Tristeza e alegria, sorriso e choro, curiosidade e indiferença. Aliás, curiosidade é o que me move. É uma curiosidade desde pelo mais simples e belo até pelo mais desconhecido. É uma sede de saber constante, mesmo que não seja para um objetivo óbvio. É saber por saber, para compreender, para responder os tantos "por quês" da vida.

Eu tenho dúvidas sobre tudo. Passado, presente e futuro. Pesquiso, pesquiso e pesquiso e nunca me conformo com o que as pessoas dizem apenas para me calar. É algo como amar inexplicavelmente o desconhecido. É estar no auge de uma escolha acertada e abandonar tudo em busca do novo. É me sentir sozinha no meio de uma multidão e me sentir inserida num contexto, fazendo parte do mundo, mesmo estando isolada no quarto. É brigar com o meu irmão e parar tudo porque me lembrei de que comprei uma medalhinha para ele, numa igreja, no mesmo dia. É para dar sorte na busca por um novo emprego. Entregar, explicar como se usa e depois voltar a brigar, mas parar tudo de novo porque não me lembrava nem mais do motivo daquilo tudo.

É amar a vida!!! Querer viver intensamente todos os momentos, e detestar o modo como as pessoas vivem, porque no fundo, no fundo, me sinto muito diferente de todo mundo. É comprar um presente para alguém sem motivo algum só porque estou feliz, mas não saber o motivo de tanta felicidade. E quando eu tento me lembrar do motivo, caio numa tristeza profunda porque na verdade percebo que tudo é temporário.

Eu odeio regras e normas, mas procuro cumpri-las porque tenho respeito ao próximo. Eu converso com quem nunca vi na vida, mas às vezes largo um amigo falando sozinho só porque me lembrei de algo através de uma palavrinha que ele disse. E saio correndo porque tive um monte de ideias mirabolantes sobre aquilo, magníficas mesmo. Com vários pensamentos numa velocidade tão grande e tão louca que, quando paro para escrever e organizar tudo, já passou. Já esqueci porque na verdade as sequências de pensamentos são tão intensas que me perco no tempo. Perco a noção de tempo e de espaço.

Eu não consigo descansar enquanto durmo e, por isso, fico cansada o dia seguinte inteiro, mas, quando chega a noite novamente para eu dormir, eu fico com um pique total. É tanta energia que não sei de onde vem e daí invento um monte de coisas para fazer e me distrair. Eu acordo querendo uma coisa, ao longo do dia quero mais 50 e, ao deitar, deixo tudo de lado porque já tenho uma paixão por uma nova ideia. E faço de tudo para dar certo, mas depois vejo que não deu certo porque eu já desisti.

Choro pelos problemas do mundo, sem ao menos ter resolvido os meus. E rio no meio de uma reunião séria e logo me arrependo devido às consequências. É como se eu fosse uma criança apesar das responsabilidades e missões a cumprir.

Eu foco num novo assunto como se fosse a salvação do mundo e acabo deixando de lado os afazeres que me salvariam o dia. Tento explicar o inexplicável e sempre acho que nunca vai ter solução e, quando isso acontece, é como andar no meio da noite na praia, sem destino e rumo certo. É tudo muito amplo, os pensamentos são amplos.

Na verdade, ninguém ao redor consegue me entender e eu nem sei como explicar. Eu não consigo. Eu perco amigos por não ser compreendida, mas entendo todos eles porque na verdade me sinto diferente e não sei explicar o por quê. Mas agora eu já sei o porquê. É tudo muito confuso e eu adoro ser assim porque se

Deus me fez com essa marquinha no cérebro é porque tenho uma missão muito diferente a cumprir e eu só ainda não sei qual.

———————————

Por Flávia Mendes Gomes

Livros Na Estante

Meu quarto é um "ninho de ratos". De repente, me levanto da cama num salto e ponho cada coisa em seu lugar. Assim, é o meu coração, também. Tento arrumar os livros em prateleiras: uma, pras pessoas da família: filha, marido, pais, irmãos. Outra, os amigos: os que se foram, os que estão sempre perto, os que nunca estiveram, mas que amo tanto quanto os outros. Outra, os conhecidos: pessoas que vem e que vão uma vez ou outra, mas que não fizeram nenhuma marca. Outra, os inimigos: quais? Eu os tenho muitos. Mas, nunca sei quem são. Pra mim, todo mundo é bom, só cometem erros, às vezes.

Aí, passados três dias todos estão juntos numa mesma prateleira, as etiquetas se perderam, não sei mais quem é quem, quem é de onde. Espera aí!? Isso parece o meu escritório... rs

Minha vida é assim: tudo tem seu lugar, mas mudam constantemente. E, depois, não sei mais de onde eram, então, as pessoas se misturam. Amigos passam a ser da família. Inimigos, passam a ser amigos, e assim vai.

É confuso, mas até que é bom. Com as lembranças, é assim também. Ouço uma história, lembro-me de outra, leio uma palavra lembro-me de uma festa, sinto um aroma lembro-me de alguém, ouço uma música lembro-me de um dia... Nenhum dia é igual, porque quando ele nasce igual ao ontem, eu já estou diferente. Humor? Tenho muito. Mau humor, também... (risos). Sou cativante com meu jeito falador. Mas, sou cansativa, quando falo além da conta.

Minhas histórias sempre são as mais divertidas, ilustradas com gestos, sons, mímicas, etc. ao menos, eu Me empenho ao máximo. Quando leio um livro, entro dentro da história: se estiver chovendo no conto, ao fechar o livro, corro para fechar as janelas, como se estivesse chovendo ali, também. Por outro lado, se o livro for ruim, pulo páginas e vou direto ao final.

Filmes então... São um problema: odeio assistir sozinha, mas ninguém quer assistir comigo. Afinal, meu apelido acabou sendo "cricrítica", pois cada cena merece um comentário. Tudo o que faço tem que ser o melhor. Ser bom, apenas, não me basta. E, se o que estiver fazendo não for o suficiente para ser o melhor, largo na metade e não termino mais.

Adoro reconhecimentos e elogios, mas adoro fazê-los, também. Quando sou criticada ou repreendida, sempre dou uma explicação. Minhas brigas sempre são passageiras. Afinal, acabo esquecendo porque que briguei. Olho pra pessoas e sei o que elas estão pensando. Principalmente o que se refere a mim. Tenho lapsos de imaginação. Olho pra uma coisa, e imagino uma relação direta com alguma outra, que normalmente não tem nada a ver. Tudo tem que ter quê e por quê!!

Preocupo-me com o que os outros pensam de mim, por isso, faço tudo da melhor maneira possível. Faço cinco coisas ao mesmo tempo, agora, quando me empolgo em uma delas, largo todas as outras sem remorso. Nunca me esqueço de Deus, evito pedir, mas sempre faço uma manha. Sou extremamente emotiva. Choro só de ver alguém cantando bem no Raul Gil, pode? Quando falo de pessoas que gosto, elas nunca têm defeitos, somente qualidades.

Acordo no meio da noite pra lembrar que esqueci do aniversário do meu tio Kiko que foi três dias atrás. Ah! Mas, eu lembrei três madrugas antes do dia, também. Adoro ser filosófica, paradoxal. Observo pichações nos muros das cidades e tento imaginar o que passava na cabeça de quem desenhou aquilo. O que ele tentou dizer? Será que sou louca? Ou, só desorganizada das ideias, mesmo? Acho que não me esqueci de nada, né? Então, a conclusão fica pra você tirar.

Thatiana Nunes 26 anos, publicitária, casada e mãe de uma filha, Giovana de 2 aninhos, moradora de São Paulo — capital, **DDA** *clinicamente diagnosticada, e nunca fiz uso de Ritalina. Ao menos até hoje, 17 de Novembro de 2005.*

Desabafo DDA — Um Grito De Autoconhecimento

Sabe aquela criança que todos imaginavam ser meio "maluquinha", que fazia tudo ao mesmo tempo, com pulgas no short, molas nos pés e uma pilha "Rayovac" embutida auto recarregável?! Pois é, era eu! Acho até que a personagem "Menino Maluquinho" tinha que ser eu, "Gisele — Menina Maluquinha".

Quando criança, só andava com os meninos porque sempre achava as brincadeiras de meninas enfadonhas e sem graça. E por causa disso sempre fui tachada de coisas como *"Moleque Macho"* e *"Maria João"*, mas nunca liguei muito para estas coisas porque eu, mesmo quando criança, sabia que não era isso e levava na brincadeira ou me fazia de rogada.

Desde sempre odeio regras e não sou muito de cumpri-las, principalmente aquelas que não concordo, ou não entendo o motivo de segui-las. Durante as aulas estava sempre conversando ou aprontando alguma — tachinhas, chicletes, bolinhas de papel, amarrar cadarços dos outras e outras estripulias para os colegas ou professores. Mas só tirava notas boas e apesar disso tudo, os piores professores (que todos os alunos odiavam porque eram exigentes) gostavam de mim. A Diretora nem se fala... Eu vivia na diretoria de castigo, e adorava isto, porque — ao menos — teria lanche e conversa a tarde inteira com a Diretora.

Curiosa ao extremo, sempre queria saber o motivo das coisas, como funcionavam e tenho gosto pessoal para as coisas diferentes e incomuns. Conseguia ficar horas fazendo algo, quase em outro planeta — normalmente fazendo coisas que outras pessoas achavam difícil — e para outras coisas me distraía com o barulho de qualquer alfinete caindo ao chão. Já me vi em várias enrascadas ou situações constrangedoras por isso.

Quase sempre tinha a solução para algum problema que ninguém conseguia resolver e queria pôr logo em prática, o que me colocava sempre como líder de grupo e sala, mesmo sendo "rebelde". Mas às vezes me atrapalho com coisas simples, o que meu ex-chefe diz: "Engole o elefante, mas se engasga com o mosquito...". Minha cabeça é como um turbilhão de ideias... Só tinha um pequeno problema: vivia esquecendo coisas como datas importantes, compromissos. Prefiro mil provas a um trabalho escrito, porque sempre me esqueço de fazê-los.

Para uma criança "travessa" esse cenário é até comum, a questão é que não tem como descrever a vida inteira de uma pessoa em um breve texto e os detalhes destas e de outras situações só as pessoas que têm **DDA** conseguem saber. Com toda esta ficha de infância, fiquei com alguns estigmas: "Ela não vai ser nada na vida se continuar assim...", "Ovelha negra da família", "Ihh! Essa aí eu não sei, viu..." e até de minha sexualidade duvidaram por gostar das coisas que os meninos gostavam por serem mais ativas.

Apesar de já adulta, ainda tenho muitas dessas características com "Rayovac", que trago desde a infância. Levei minha vidá até o presente momento lidando constantemente com "rótulos" e apelidos engraçados. Já estou acostumada e sei lidar bem com eles por ser uma pessoa bem-humorada e entrar na brincadeira. Sempre me senti um pouco ou muito: doida, esperta, esquecida, diferente, insana e divertida. Quase todos que conheço me acham divertida, e me consideram uma boa amiga pelo que sou e me aceitam assim, mesmo não conseguindo me entender na maioria das vezes. Compreendo isso, já que nem eu mesma consigo me entender às vezes.

Descobri sobre o **DDA** por acaso. Vi que um "amigo virtual" tinha e, por ser curiosa, pesquisei do que se tratava. Li uma matéria de um site de medicina: "Distúrbio de Déficit de Atenção (**DDA**)", Extraído do livro: *Transforme seu cérebro, transforme sua vida — de Daniel G. Amen.* E enquanto lia, praticamente via minha vida sendo descrita em cada linha daquele texto. Apesar de longo, li em poucos minutos (hiperfoco) e quando terminei minhas mãos estavam trêmulas e minha cabeça a mil por hora. Precisava ter certeza se tinha **DDA** ou não antes de tirar conclusões precipitadas.

Pesquisei mais a respeito do assunto, Marcus Deminco foi um grande amigo nesse processo, pois me esclareceu várias dúvidas, e me indicou um profissional muito ético — Dr. Paulo, a quem também devo muito, que, após consulta, me diagnosticou como **DDA** do tipo funcional, já que consigo trabalhar, estudar e conviver com as situações da vida, e por isso não preciso tomar *Ritalina* e/ou outros remédios.

É difícil para uma pessoa passar a vida toda sendo diferente, principalmente, considerando como a humanidade trata quem ou o que é diferente, e aos 23 anos de idade descobrir uma parte do que o faz ser assim tão diferente é chocante, mas ao mesmo tempo libertador. Penso que foi essa a sensação que tive e imagino que poderia ter vivido até meus últimos dias na terra sem nunca ter sabido que tinha **DDA** e que outras podem estar em conflitos piores do que os meus — já que tive muita sorte em saber lidar com as coisas ruins do **DDA** e aproveitar as coisas boas.

Contei para minha família, que não demonstrou muita surpresa, já que nunca fui muito normal. E muitos de meus amigos não acreditam ou não levam a sério o que digo a respeito do **DDA** e de eu ter. Quando o Marcus me falou que estava escrevendo este livro sobre **DDA** eu fiquei muito feliz, pois, sendo um livro de alguém que tem **DDA**, poderia passar uma "visão" igual — ou pelo menos semelhante — a de outras pessoas que também passam por estas mesmas situações.

Continuo a pesquisar a respeito e a trocar minhas experiências com outros que têm **DDA**. Com nossas situações divertidas, difíceis e inusitadas, mas, acima de tudo: com a certeza de que nossa vida nunca será simples, pois viemos para dar e ver um colorido especial a tudo, porque na verdade, a vida de uma pessoa que tem **DDA** está longe de ser normal, corriqueira e comum. E com estas trocas de experiências é que conseguimos nos entender melhor e aos outros para vivermos também melhor.

Gisele Reis, 24 anos, Administradora de Tecnologia Da Informação (TI). Além de designer, coordenadora de projetos tecnológicos, dançarina, conselheira, assistente comercial e outras coisas mais... Como quase todo bom **DDA** que tem várias afinidades e habilidades.

O Eu DDA

Sempre me questionava se todos os outros também viviam com "os pensamentos a mil"; se não paravam de pensar em momento algum; se faziam associações a todo o momento com qualquer coisa; se tinham mudanças de humor e emoções o tempo todo; se sempre viviam "no mundo da lua". Comecei a entender os meus questionamentos aos 18 anos, quando soube ser **DDA** e fui vendo que o modo com que agia e vivia era tudo "normal" para um ser **DDA**.

É maravilhosa a cascata de emoções que se sente; a mudança drástica e veloz de humor; a quantidade incontável de pensamentos e ideias que passa na velocidade da luz pela mente; a criatividade inexplicável que "aparece do nada" e toma conta do seu ser; o amar apaixonada e loucamente.

É horrível o medo de não dar certo; a insegurança; ter consciência de que se esqueceu de algo, mas não saber do que; sentir-se um imprestável, um inútil, um excluído que não se encaixa na sociedade com suas regras rígidas; desconfiar que seus amigos não te consideram o tanto você o considera.

Amar de modo tão intenso que a todo o momento deseja-se dizer a pessoa amada o que sente por ela; sempre comprar algo que o lembre da pessoa amada, algum momento vivido, algum comentário escutado, ou meramente alguma associação "maluca" que só você mesmo entende; pensar ter achado a pessoa ideal e perfeita para você, aquela para ficar junto até o fim.

Amar de modo tão simples e banal que se esquece daquele jantar agendado há dias; que cumprimenta a pessoa amada de um modo tão frio que gera a impressão de não mais a amar; que não da atenção nos momentos que o companheiro precisa falar.

A impulsividade de querer fazer algo pra ontem; sem fazer uma pausa para mensurar a real importância do fato. Porém quantas e quantas vezes no meio daquela "urgência" se lembrar de outra coisa importantíssima, muito mais urgente que a que se está fazendo, mas no longo caminho que leva ao local onde se realizará o ultimo afazer, a mente incansável nos desvia para outra porta, a fim de realizar outra coisa.

Deitar-se na cama e muitas vezes tentar procurar um botão de "Stand By", um botão para desligar a mente, para parar de pensar e deixar o sono assumir. A agonia, pois na correria do dia a dia quando se consegue um pequeno tempo na hora do almoço para relaxar, a mente não acompanha o corpo, não para. E quando se está conseguindo engatar o sono, o despertador toca.

Para mim as "viagens mentais" são as características que mais alteram o meu modo de ser e agir. Como por exemplo, ao ver uma caneta vermelha lembrar-se de uma pessoa, do perfume que usava, de conversas completas que tivemos em sua casa, no sofá confortável de sua sala. E do sofá surgir uma recordação do passeio com pelas lojas do shopping, a procura de móveis novos para casa. E do shopping recordar-se daquele filme que assistiu depois de ter ido mal em uma prova. E daí por diante, até chegar o momento que se percebe o longo tempo que se perdeu nos devaneios. Também pode ser perigoso já que muitas vezes no transito se concentra num determinado objeto e por alguns instantes perder a atenção nos carros.

Ser **DDA** é viver no extremo. Ou tudo ou nada. Não parar de usar a mente a ponto de gerar a exaustão desta, em que a única coisa que se precisa é descanso. Não consigo imaginar minha vida de outra maneira. Está certo que em muitos aspectos temos que ficar sempre nos controlando para não cometermos deslizes. Sou feliz sendo **DDA** e acho que não teria graça se deixasse de ser.

Por Filipe Ramo Barra

Meu nome é Flavia, e meu filho Felipe de 9 anos tem DDA

Com dois anos ou até menos, Felipe fazia travessuras que pareciam engraçadas e ao mesmo tempo estranhas para idade dele. Ele era alegre, tinha e tem até hoje um sorriso "iluminado". Aos quatro anos entrou para escola e, em menos de dois meses, tive que tirá-lo por estar sempre machucado e ninguém me explicar o porquê. Coloquei-o em outra escola. Foram dois anos achando que a mesma era ruim, incapaz de lidar com crianças mais "ativas", até que novamente o tirei. Fomos então para terceira escola, onde ele permaneceu por mais dois anos. A essa altura, me sentia constrangida de ir a escola duas vezes, pelo menos, por semana, para falar com professores e diretores sobre o comportamento dele. Avoado, agressivo, bagunceiro, o que me desesperava, porque esse não era o meu filho. O meu Felipe era e é um menino feliz, de bem com a vida, radiante, e irresistivelmente charmoso.

Eu evitava saltar do carro no sinal de entrada da escola, porque teria que ouvir cochichos e ver olhares direcionados ao meu filho, de forma agressiva, vindo dos pais das crianças. Mais uma escola que não sabia como lidar com o problema. O engraçado nessa escola é que ele levou mais de quinze advertências e achava divertido, chegava feliz em casa, doido para mostrar, porque, mesmo diante de tudo que ele passava, o humor e alegria eram sempre constantes.

No colégio seguinte, passei todos os problemas do meu filho, abri meu coração com o psicólogo da instituição, que se mostrou super-receptivo (até então, nem imagina que ele seria **DDA**), que nenhuma criança era discriminada. No primeiro momento me senti bem, mas com o passar do tempo, vi meu filho se abatendo, caindo às vezes em choro, a autoestima lá embaixo. Comecei a observar mais e descobri a escola fazendo horrores. Ao invés de ajudá-lo, eles o tiravam da sala (tinha oito anos ainda cursando a 2ª série) e o levava para a aula do jardim de infância, onde seu primo de quatro anos estudava e diziam que se ele se comportava feito um bebê era lá que ele ia ficar. Foi tamanha a humilhação, que tive meu filho sem ânimo para nada por alguns dias, apenas tristeza. A Diretora e dona da escola dizia que ninguém gostava dele. Enfim, foram tantas coisas, que o vi fraquejando, sofrendo, sem amigos. Aquela alegria gostosa, tão moleca, estava sumindo... Não preciso dizer que, mais uma vez, no meio do ano, o tirei da escola e, óbvio, estou movendo processo contra a mesma.

Finalmente, depois dessa jornada, achei uma escola onde, mais uma vez, ainda receosa, abri meu coração. Aí sim, encontrei uma escola que o acolheu, quando ouvi pela primeira vez que meu filho poderia ser um **DDA**. Procurei ajuda, estudei o assunto e até hoje procuro novidades e informações.

Diagnosticado, hoje ele tem uma vida tranquila. Não vejo o **DDA** como um problema, vejo-o como uma luz, uma dádiva, algo que sendo descoberto no início, sendo bem tratado e acompanhado, proporciona muita paz ao **DDA** e à família. A compreensão fez com que eu me acalmasse e descobrisse o tamanho do tesouro que tenho. É difícil ainda em alguns momentos, mas vê-lo tranquilo é algo que me dá força e me ajuda a ter a calma e a paciência necessária para entender e me adaptar a essa vida tão "bagunçada".

Acredito que o **DDA** leva uma vida mais tranquila, sendo:

Cercado de amor, não mimos;

Cercado de cuidados, sem exageros;

Sendo ouvido, sempre;

Sendo compreendido diariamente;

Sendo prestativo, útil, sem ser posto de lado achando que com seu jeito afobado, as coisas vão cair, quebrar, bagunçar... O

DDA é uma pessoa normal como todos, mas com uma LUZ que o torna especial, basta um sorriso para ver!!!

Por Flávia Maria Saldanha

Aprendi mais com meus filhos, do que ensinei.

Aos 27 anos eu tive a minha primeira filha. Uma bonequinha rosada, quieta, tranquila, meiga, dengosa, chamada Camila. A maternidade foi arrebatadora, um turbilhão de amor profundo, inexplicavelmente maior do que qualquer coisa que o ser humano pode um dia sonhar em sentir algo tão maravilhoso que logo quis outro filho.

Gabriel chegou apenas 9 anos depois de muita espera e pedidos a Deus para que eu engravidasse novamente. Não consigo colocar em palavras a explosão de felicidade que se apoderou de mim, de meu marido e de minha filha, que sempre me pedia um (a) irmão (ã). Mas a vida me pregou algumas peças... A Camila sempre foi tão silenciosa, organizada, metódica, introspectiva, tímida e arredia, que eu suspeitava ter ali alguma coisa errada. Uma mãe sente. E eu não estava enganada. Logo veio o diagnóstico de Síndrome de Asperger (para os leigos, o tipo mais brando dentre os Transtornos do Espectro Autista — TEA).

Mas nada nesse mundo me preparou para o dia a dia e me deixou tão desnorteada quanto criar um furacão de nome Gabriel. Antes, éramos uma família calma, silenciosa, serena. Logo as coisas estariam completamente diferentes e opostas... Eu percebi que eu estava "encrencada" quando numa tarde, coloquei o Gabriel para dormir. Estávamos apenas eu e ele em casa. Minha filha na escola e meu marido no trabalho. Ele tinha apenas 9 meses e meio. Sentei-me na sala e fiquei assistindo televisão.

De repente, ao olhar para o chão, lá estava ele, se arrastando, meio engatinhando aos meus pés. Gritei de susto! Meu primeiro pensamento foi que havia alguém mais em casa que o tirou do berço. Corri no quarto dele e fiquei chocada com o que vi. Ele havia colocado rente à grade do berço, o travesseirinho, em cima o palhacinho, em cima um ursinho de pelúcia e em cima um protetor de berço. Fez uma escada, subiu e dali se atirou. Caiu no chão (nada ouvi) e não chorou. E foi até a sala me encontrar. Foi a primeira vez que eu tive a sensação que surpresas maiores me aguardavam. E novamente eu estava certa.

Andou aos 11 meses. Mexia em tudo, quebrava tudo, subia, descia, pulava, corria, gritava, se arrebentava, levantava do chão e continuava correndo. Quebrou ossos, dentes, arrancou unhas, era sempre remendado com pontos. Eu vivia no pronto-socorro. Ele estava sempre com hematomas de tanto que corria e se machucava. Eu ficava atrás, atenta, tentando protegê-lo, mas ele era mais ágil, mais rápido, mais desobediente e não me ouvia. Veio a ideia de colocá-lo num colégio (no maternal), pois ele contava com 2 anos e eu acreditava que ali ele queimaria sua energia e teria amiguinhos.

Vez ou outra eu aparecia de surpresa e via a turma dele sentadinha, enfileirada, ouvindo as instruções, as historinhas da professora... Mas... Cadê o Gabriel que nunca estava ali como os outros? Eu logo o avistava correndo pelo pátio, com a monitora desesperada atrás dele, voando de um lugar para outro. Não demorou muito e ele foi "convidado" a se retirar. Não estavam preparados para tamanha energia. Resolvi colocá-lo na natação. O professor pediu desculpas e confessou não dar conta... Então vamos para o futebol. Ele prestava atenção nas formigas, nas borboletas, nas nuvens do céu, menos na bola e ninguém o queria em seu time, pois não tinha a menor ideia do que estava fazendo ali, uma vez que durante as explicações do treinador, ele estava disperso, correndo pelo gramado. Para alívio de todos, eu resolvi tirá-lo de lá. Vamos tentar então o *Taekwondo*. Disciplina, regras, um professor rigoroso e determinado... Pediu clemência dois meses depois.

O Gabriel tumultuava a aula demais, furava as filas, não conseguia esperar e conversava o tempo todo. Bom... Ainda temos o tênis. As bolinhas voavam nas cabeças de todo mundo ali por perto. A raquete também adquiria asas e saía voando. Novamente furava filas, ria demais, falava demais, corria demais e jogava tênis de menos... Que tal o inglês? A escola era a mais comentada de São Paulo, preparada apenas para crianças. O preço de salgar qualquer bolso, mas eu queria tentar tudo para ocupá-lo, inseri-lo socialmente.

Gabriel sempre foi fascinado por vídeo game, celular, computador. Um dia um coleguinha do inglês resolveu levar um joguinho eletrônico e por infelicidade não permitiu que meu filho mexesse no brinquedo dele. Frustração não é uma coisa que ele sabia lidar bem... Em 5 minutos eu estava de volta na escola, vendo de longe os olhares de ódio profundo dos pais do menino, que teve os óculos quebrados no próprio nariz, com um chute que segundo o Gabriel, ele aprendeu num desenho... Novamente foi "convidado" a se retirar... Ele já estava com seus 8 anos.

Eu pulava de médico em médico. De terapia em terapia. Todos diziam a mesma coisa: **TDAH** com agravante em impulsividade e TOD — transtorno opositor desafiador. Eu dirigia meu carro com um tênis sendo arremessado na minha cabeça pelo Gabriel. Eu engolia meu almoço para não tirar os olhos dele um minuto. Eu fazia qualquer coisa correndo e aflita para voltar perto dele e vigiá-lo, com medo de que se machucasse. Eu ia ao banheiro com a porta aberta. Tomava banhos de minutinhos. Dormia com um olho aberto e outro fechado. Fiscalizava as coisas pontudas e de corte da casa. Lacrava com grades as janelas. Tirava os tapetes do chão para ele não tropeçar. Segurava a mão dele com muita força quando estávamos andando pela rua. Ele queria sempre se soltar e sair correndo. Ir ao supermercado com o Gabriel era pedir para me estressar. Ele abria os braços e passava pelas prateleiras derrubando tudo o que vinha pela frente. O que eu colocava no carrinho ele pegava e jogava longe. Ir ao cinema era perda de tempo. Ele não ficava sentado e falava alto o tempo todo.

Nos restaurantes, ele corria e por diversas vezes, derrubava as bandejas dos garçons com cabeçadas. Pegava batatinha frita e atirava nas pessoas que estavam sentadas ao nosso redor. Sair com ele era um suplício. Eu tentava o castigo, conversar, ignorar, ficar muito brava, prometer recompensas se o comportamento dele ficasse adequado, mas nada... Nada era cumprido, ele sequer me ouvia. A ÚNICA coisa que o deixava mais concentrado era o Metilfenidato que ele tomava e que foi uma benção em nossas vidas.

Uma vez ele próprio me disse que com a medicação ele conseguia ouvir o que as pessoas tinham a dizer, porque ele não parava um segundo para prestar atenção em nada... Ele ficou 7 anos num colégio e foram 7 anos difíceis. A coordenação, as professoras, a diretoria, os funcionários eram excelentes. Tinham tato, preparo, paciência e muita habilidade com meu filho, mas não foi bem assim com os coleguinhas e com as famílias deles. Eu era sempre apontada. Julgada. Condenada. A culpa era minha que não sabia educar aquele menino. Na hora do intervalo escolar, chegou-se ao ponto de meu filho ter um segurança para acompanhá-lo e vigiá-lo, uma vez que aprontava muito nesse curto período de tempo. Se eu contasse as lágrimas que derramei, as noites que varei, os momentos de desespero, de frustração, as brigas com Deus, com o mundo, as pessoas que eliminei de meu convívio porque não suportavam nem entendiam o Gabriel, o infinito seria pequeno demais para medir.

Nada havia me preparado para um filho tão hiperativo, tão cheio de energia, tão elétrico. Resolvi colocá-lo no judô. Novamente tempo e dinheiro perdido. Ninguém aguentava. Apesar de muitas vezes ter perdido a paciência (sou humana), eu defendia meu filho com unhas e dentes, porque sabia o que era o **TDAH** e tinha a real percepção de que ele não tinha culpa alguma por ser e agir assim. É um transtorno neurobiológico. É mais forte do que ele, mas bem menor do que meu incansável, ilimitado, imensurável e incondicional amor por ele.

A vontade de ajudá-lo me transformou numa outra pessoa. Fui estudar, pesquisar, devorava livros. Participei de mil congressos, palestras, seminários, reuniões, discussões, fóruns que debatiam sobre o **TDAH**. Ele continuava medicado, com psiquiatra, com terapia, mas mesmo assim, ainda era uma criança atípica. Ele chegava causando nos locais; no colégio só sabia fugir da sala de aula, era inquieto demais para ficar sentado por horas...

Aos 13 anos, cansado de tanto tentar ter amigos (por ser como era, acabava espantando esses "amigos"), um dia eu o peguei chorando. Ele me abraçou e me disse que jogava a toalha. Que ninguém o entendia e que não aguentava mais tentar fazer amizades. Que ninguém gostava dele. Deus sabe o que senti naquele momento. Chorei junto com ele, conversando calmamente e explicando a ele como era amado por todos nós. Sempre procurei elevar a sua autoestima, mas não teve jeito. Ele foi duro consigo mesmo e nunca mais quis ser amigo de ninguém. Para ele só amigos virtuais, isso ele tem muitos em jogos online, onde é uma fera e aprendeu rapidamente a ler e a escrever em inglês (melhor que em português).

Um dia resolvi que precisava fazer mais por ele e procurei por uma escola regular que tivesse uma sala especial e foi a melhor coisa que fiz. O próprio Gabriel me disse que finalmente tinha percebido que ele não era o "único" diferente, que existiam outros como ele. Relaxou, nunca mais sofreu *Bullying*. Continua odiando os estudos, dizendo que a escola nada mais é do que uma prisão, mas está mais adaptado, com colegas que o entendem e são parecidos com ele. Hoje ele está bem melhor, menos elétrico, mais centrado, mais controlado. É infantil para seus atuais 17 anos.

Tem verdadeira obsessão pelo computador (hiperfoco) e seus conhecimentos ali são imensos.

É um rapaz lindo, amado ao extremo por mim, pelo pai, pela irmã. Não conseguiria jamais explicar esse amor arrebatador, que me alegra os dias, que ao vê-lo faz meu coração acelerar, que imediatamente me traz um sorriso no rosto. Ele e a Camila são a razão de minha vida. Um amor para toda a eternidade. Agradeço a Deus pelo privilégio de ter tido dois filhos especiais que me ensinaram a crescer como ser humano e a ser uma pessoa melhor. Abri uma Associação de Pais chamada *Inspirare*, com outras mães que também passaram por tudo isso. Aqui em São Paulo procuro acalentar os pais com orientações e apoio que eu não encontrei em lugar algum quando os meus filhos eram pequenos. Eu, por alguma razão que desconheço, fui escolhida duplamente e me sinto honrada com essa oportunidade.

Agradeço também ao Marcus Deminco pela chance de deixar aqui meu depoimento e poder dizer aos pais novatos e jovens que existe sim uma luz no fim do túnel. Que é preciso correr atrás de conhecimento, informação e ter muita, mas muita paciência, pois o resto apenas o amor resolve.

Simone Alli Chair, 52 anos — São Paulo/SP. Diretora-presidente da Associação de Pais Inspirare, Presidente do Instituto Canguru (doenças raras), formada em Serviço Social, defensora popular, militante na área da deficiência, mas acima de tudo e todo o mais, mãe de Camila, 25 anos com a Síndrome de

*Asperger, formada pela faculdade de design em animação e de Gabriel, 17 anos, cursando o último ano do 2º grau, com perspectivas de tentar a faculdade de design em games, sua paixão. Tem **TDAH**, com agravante em impulsividade, Transtorno Opositor-Desafiante (TOD), e recentemente também diagnosticado dentro do Espectro Autista. Em tratamento com um neurologista e um psiquiatra.*

Da autoestima destruída aos Relacionamentos Instáveis: O TDAH Pode Destruir Uma Vida.

Sei muito bem pelo que passei e ainda passo até hoje. Nasci no ano de 1971 e sem o entendimento sobre o **TDAH** e os profissionais que naquele tempo não existiam (e são poucos até hoje) tive a minha vida toda prejudicada. Sem entender o porquê, de mesmo eu sendo tão inteligente em questões como criar e consertar coisa, pois só em observar o funcionamento das coisas sou capaz de desmontar e fazer funcionar novamente porque são situações que nós temos tempo de pensar, analisar o funcionamento e resolver o problema sem pressão, coisa que normalmente não acontece nas escolas. E assim eu cresci, com as pessoas sempre me elogiando por ser criativo, inteligente, etc.

Mas quando entrei na escola, a coisa foi muito diferente, eu só me destacava nas matérias de artes plásticas e desenho e sempre como o melhor da sala, mas em quase todas as outras matérias eu era péssimo, mas era péssimo não por não conseguir aprender, mas por demorar a entender e memorizar como os outros colegas que pegavam o assunto mais rápido, eu ficava triste e sempre perguntando a mim mesmo: "será que sou burro?".

Na sala de aula quando a professora perguntava: "quem não entendeu?" Eu ficava calado, pois vendo que todos os outros coleguinhas haviam aprendido eu ficava com vergonha e medo de ser chamado de burro, mas as minhas notas baixas, e a necessidade de colar dos colegas me denunciavam e era assim que eu acabava sendo visto.

Tenho a certeza de que se eu tivesse tido um ensino diferenciado, com pessoas que soubessem sobre o **TDAH**, as coisas seriam diferentes e eu não teria passado por tudo que passei, pois tendo o meu tempo de aprendizado respeitado e com uma metodologia diferenciada de ensino, eu teria muito mais sucesso na vida, pois teria aprendido tudo, mesmo com toda a minha falta de atenção e dificuldade em memorizar, pois no meu tempo sempre aprendo tudo, do contrário a consequência disso foi ficar com fobia por salas de aula e até em testes de emprego que até hoje me fazem suar frio.

Além de tudo, muitos são os medos que atingem um portador do TDHA. Sobretudo, ao que se refere a relacionamentos e futuros filhos... Ao menos, foi assim comigo, embora tenha lutado para esquecer, com a esperança de que um dia as coisas mudassem, mas infelizmente não foi bem assim que aconteceu. Cedo ou tarde você acaba percebendo que todos os seus temores estão se cumprindo aos poucos e do jeitinho que você sempre temia.

Imaginava ter filhos e na fase escolar eles te perguntarem sobre os assuntos pelos quais você nunca teve oportunidade em aprender como deveria, devido ao seu **TDAH**, sua esposa na incredulidade sobre o transtorno, não aceitando e ainda dizendo que não tem nada de errado com você, e se não bastasse, até a compra de um carro se tornando um problema angustiante, quando deveria ser motivo de felicidade, mas acaba não sendo, pois mesmo sendo bom motorista as dificuldades em memorizar caminhos e de entender com rapidez certos cruzamentos das ruas me faz temer ir a lugares longes, viajar com o carro então nem pensar! E assim, acabo somente usando o veiculo para ir a percursos já conhecidos.

Minha ex-esposa me cobrava nos pontos onde eu não poderia ir mais além, e por isso também criei uma quase fobia ao volante, simplesmente por medo de lugares novos e por fim, quanto você menos deseja que a coisa piore, vem o abandono, ela te diz que não dá mais, e o mais frustrante nisso tudo é saber que não teria sido assim se não tivesse o TDHA.

Por isso a grande necessidade do diagnostico precoce, pois atualmente eu iria procurar por uma parceira também com o mesmo transtorno, ou ao iniciar um relacionamento com uma pessoa sem o transtorno, iria explicar sobre o TDHA, mostrar matérias que falem no assunto e esperar que a parceira compreenda e aceite as minhas limitações, pois com a ajuda e não cobranças e criticas, podem fazer qualquer portador de TDHA superar todas as dificuldades que podem ter na vida.

---

*Daniel Rêgo de Aguiar (Salvador/BA), 44 Anos, Segurança e formado em Auxiliar de ADM— Diagnosticado Com **TDAH** e Em Tratamento.*

O Diagnóstico do TDAH pela CID

O verbo diagnosticar, deriva das expressões gregas "dia", que quer dizer "através de, durante, por meio de" e "gignósko" que significa "conhecer, saber". A definição da palavra trazida pelo dicionário da Língua Portuguesa, conceitua diagnóstico como o conhecimento de uma doença através dos seus sintomas, sinais e/ou diversos exames. Na prática clínica, o diagnóstico, geralmente, é o resultado da análise realizada através da observação dos sintomas manifestados no presente e/ou no passado. É considerada a primeira e mais importante ferramenta que um profissional de saúde estabelece para se aproximar da compreensão das queixas, e elaborar um tratamento adequado às condições sanitárias do seu paciente.

Nesse aspecto, considerando que muitas características sintomáticas necessárias para determinar um diagnóstico de Transtorno do Déficit de Atenção com Hiperatividade (**TDAH**) são equivalentes aos comportamentos normais, é importante analisar a frequência, duração e persistência desses sintomas, em diferentes contextos na vida do paciente. Consequentemente, o uso de escalas, testes psicológicos e neuropsicológicos — assim como a coleta de informações obtidas mediante entrevistas específicas realizadas na escola e com familiares — servem como valiosas fontes de informações e recursos imprescindíveis para consolidar o diagnóstico.

> Não se conta com um teste único ou com uma bateria de testes que permitam determinar a presença ou ausência do TDAH; portanto, trata-se de um diagnóstico clínico que se realiza a partir dos relatos dos pais e, especialmente, dos professores e da avaliação neurológica, que permite determinar a imaturidade ou as alterações no desenvolvimento da criança (CONDEMARÍN et al., 2006).

Publicada pela Organização Mundial de Saúde (OMS) a Classificação Internacional de Doenças e Problemas Relacionados à Saúde, geralmente mais reconhecida pela sigla **CID** (Classificação Internacional de Doenças) — embora não seja o instrumento mais utilizado pelos profissionais de saúde mental na elaboração de diagnósticos — também tem sua importância e finalidade. O documento fornece códigos que determinam à classificação e codificação das doenças, e de uma ampla variedade de sinais, sintomas, aspectos incomuns, queixas, circunstâncias sociais e causas externas de danos e/ou doença. Para cada quadro clínico é atribuído uma categoria única à qual corresponde um código, que pode conter até seis caracteres.

Assim, a **CID** serve como o principal veículo informativo na identificação de tendências e estatísticas de morbidade e de mortalidade em todo o mundo. De acordo com a 10ª edição da

Classificação Internacional de Doenças (**CID-10**), o Transtorno do Déficit de Atenção com Hiperatividade (**TDAH**) faz parte dos Transtornos Hipercinéticos (F-90).

Os Transtornos Hipercinéticos (F-90) são caracterizados por início precoce (habitualmente durante os cinco primeiros anos de vida), falta de perseverança nas atividades que exigem um envolvimento cognitivo, e uma tendência a passar de uma atividade a outra sem acabar nenhuma, associadas a uma atividade global desorganizada, incoordenada e excessiva. Os transtornos podem se acompanhar de outras anomalias. As crianças hipercinéticas são frequentemente imprudentes e impulsivas, sujeitas a acidentes e incorrem em problemas disciplinares mais por infrações não premeditadas de regras que por desafio deliberado. Suas relações com os adultos são frequentemente marcadas por uma ausência de inibição social, com falta de cautela e reserva normais. São impopulares com as outras crianças e podem se tornar isoladas socialmente. Estes transtornos se acompanham frequentemente de um déficit cognitivo e de um retardo específico do desenvolvimento da motricidade e da linguagem. As complicações secundárias incluem um comportamento dissocial e uma perda de autoestima.

Os Transtornos Hipercinéticos (F-90) são subdivididos em:

1) (F90.0) Distúrbios da atividade e da atenção;
2) (F90.1) Transtorno hipercinético de conduta;

3) (F90.8) Outros transtornos hipercinéticos;

4) (F90.9) Transtorno hipercinético não especificado;

Segundo a Classificação Internacional de Doenças (**CID-10**) para se diagnosticar um caso de **TDAH** é necessário que a pessoa avaliada apresente pelo menos seis dos sintomas de desatenção e/ou seis dos sintomas de hiperatividade. Além disso, esses sintomas devem se manifestar em pelo menos dois ambientes diferentes, e por um período superior a seis meses.

A. Com Predomínio Da Desatenção

Caracteriza-se o predomínio da **DESATENÇÃO** quando a pessoa apresenta seis (ou mais) dos seguintes sintomas de desatenção persistentes por pelo menos 6 meses, em grau mal adaptativo e inconsistente com o nível de desenvolvimento:

1. Frequentemente deixa de prestar atenção a detalhes ou comete erros por descuido em atividades escolares, de trabalho entre outras.

2. Com frequência tem dificuldades para manter a atenção em tarefas ou atividades lúdicas.

3. Com frequência parece não escutar quando lhe dirigem a palavra.

4. Com frequência não segue instruções e não termina seus deveres escolares, tarefas domésticas ou deveres

profissionais (não devido a comportamento de oposição ou incapacidade de compreender instruções).

5. Com frequência tem dificuldade para organizar tarefas e atividades.

6. Com frequência evita, antipatiza ou reluta a envolver-se em tarefas que exijam esforço mental constante (como tarefas escolares ou deveres de casa).

7. Com frequência perde coisas necessárias para tarefas ou atividades (por ex., brinquedos, tarefas escolares, lápis, livros ou outros materiais).

8. É facilmente distraído por estímulos alheios à tarefa.

9. Com frequência apresenta esquecimento em atividades diárias.

B. Com Predomínio Da Hiperatividade e/ou Impulsividade

Caracteriza-se quando seis (ou mais) dos seguintes sintomas de hiperatividade persistem por pelo menos 6 meses, em grau mal adaptativo e inconsistente com o nível de desenvolvimento:

B.1 Hiperatividade

1. Frequentemente agita as mãos ou os pés.

2. Frequentemente abandona sua cadeira em sala de aula ou outras situações nas quais se espera que permaneça sentado.

3. Frequentemente corre ou escala em demasia, em situações nas quais isto é inapropriado (em adolescentes e adultos, pode estar limitado a sensações subjetivas de inquietação).

4. Com frequência tem dificuldade para brincar ou se envolver silenciosamente em atividades de lazer.

5. Está frequentemente "a mil" ou muitas vezes age como se estivesse "a todo vapor".

6. Frequentemente fala em demasia.

B.2 Impulsividade

1. Frequentemente dá respostas precipitadas antes de as perguntas terem sido completadas.

2. Com frequência tem dificuldade para aguardar sua vez.

3. Frequentemente interrompe ou se mete em assuntos alheios (por ex., intromete-se em conversas ou brincadeiras).

C. Critérios para ambos os casos

Em ambos os casos os seguintes critérios também devem estar presentes:

1. Alguns sintomas de hiperatividade/impulsividade ou desatenção que causaram prejuízo estavam presentes antes dos 7 anos de idade.

2. Algum prejuízo causado pelos sintomas está presente em dois ou mais contextos (por ex., na escola, no trabalho e/ou em casa).

3. Deve haver claras evidências de prejuízo clinicamente significativo no funcionamento social, acadêmico ou ocupacional.

4. Os sintomas não ocorrem exclusivamente durante o curso de um transtorno invasivo do desenvolvimento, esquizofrenia ou outro transtorno psicótico e não são mais bem explicados por outro transtorno mental (por ex., transtorno do humor, transtorno de ansiedade, transtorno dissociativo, ou algum transtorno da personalidade).

NOTA*: os sintomas de desatenção, hiperatividade ou impulsividade relacionados ao uso de medicamentos (como broncodilatadores, isoniazida e acatisia por neurolépticos) em crianças com menos de 7 anos de idade não devem ser diagnosticados como **TDAH**.

O Diagnóstico do TDAH pelo DSM

O *Diagnostic and Statistical Manual of Mental Disorders* ou Manual Diagnóstico e Estatístico de Transtornos Mentais, mais conhecido no Brasil pela sigla **DSM** é um manual para profissionais da área de saúde mental que lista diferentes categorias de transtornos mentais e critérios para diagnosticá-los. Elaborado pela Associação Americana de Psiquiatria (*American Psychiatric Association* - APA) representa, atualmente, a melhor ferramenta de utilização clínica para diagnosticar os quadros relacionados aos transtornos mentais, e tem sido uma das fontes para diagnósticos em saúde mental mais utilizada em todo o mundo.

Em sua 5ª revisão, o **DSM**-V classifica o Transtorno do Déficit de Atenção/Hiperatividade (**TDAH**) entre os Transtornos do Neurodesenvolvimento. Os Transtornos do Neurodesenvolvimento correspondem a um grupo com início, geralmente, manifestado antes da criança ingressar na escola, sendo caracterizados por déficits no desenvolvimento que acarretam em prejuízos no funcionamento pessoal, social, acadêmico e/ou profissional. Os déficits no desenvolvimento variam desde limitações específicas na aprendizagem e/ou no controle de funções executivas até desencadear sérios danos globais em habilidades sociais ou inteligência. É frequente também a presença simultânea de mais de um transtorno durante o curso do indivíduo diagnosticado com algum Transtorno do Neurodesenvolvimento. Por exemplo, indivíduos com Transtorno do Espectro Autista (TEA) frequentemente apresentam Transtorno do Desenvolvimento Intelectual (TDI). Enquanto, muitas crianças com Transtorno do Déficit de Atenção/Hiperatividade (**TDAH**) comumente apresentam comorbidade com algum Transtorno Específico de Aprendizagem.

O **TDAH** é um Transtorno do Neurodesenvolvimento definido por níveis prejudiciais de desatenção, desorganização e/ou hiperatividade-impulsividade. **(a)** Desatenção e desorganização envolvem incapacidade de permanecer em uma tarefa, aparência de não ouvir e perda de materiais em níveis inconsistentes com a idade ou o nível de desenvolvimento. **(b)** Hiperatividade-impulsividade implicam em atividades excessivas, inquietação, incapacidade de permanecer sentado e/ou para em uma mesma posição e/ou lugar. Também, apresentam intromissão em atividades de outros e incapacidade de aguardar — sintomas que são excessivos para a idade ou o nível de desenvolvimento. Na infância, o **TDAH** frequentemente se sobrepõe aos transtornos em geral considerados "de extemalização", tais como o transtorno de oposição desafiante e o transtorno da conduta. O **TDAH** costuma persistir na vida adulta, resultando em prejuízos no funcionamento social, acadêmico e profissional.

TDAH — Critérios Diagnósticos (DSM-V)

1. Um padrão persistente de desatenção e/ou hiperatividade-impulsividade que interfere no funcionamento e no desenvolvimento, conforme caracterizado por **(1)** e/ou **(2)**:

1. **Desatenção**: Seis (ou mais) dos seguintes sintomas persistem por pelo menos seis meses em um grau que é inconsistente com o nível do desenvolvimento e causa impacto negativo diretamente nas atividades sociais e acadêmicas /profissionais:

NOTA*: Os sintomas não são apenas uma manifestação de comportamento opositor, desafio, hostilidade ou dificuldade para compreender tarefas ou instruções. Para adolescentes mais velhos e adultos (17 anos ou mais), pelo menos cinco sintomas são necessários.

---

a) Frequentemente não presta atenção em detalhes ou comete erros por descuido em tarefas escolares, no trabalho ou durante outras atividades (p. ex., negligencia ou deixa passar detalhes, o trabalho é impreciso).

b) Frequentemente tem dificuldade de manter a atenção em tarefas ou atividades lúdicas (p. ex., dificuldade de manter o foco durante aulas, conversas ou leituras prolongadas).

c) Frequentemente parece não escutar quando alguém lhe dirige a palavra diretamente (p. ex., parece estar com a cabeça longe, mesmo na ausência de qualquer distração óbvia).

d) Frequentemente não segue instruções até o fim e não consegue terminar trabalhos escolares, tarefas ou deveres no local de trabalho (p. ex., começa as tarefas, mas rapidamente perde o foco e facilmente perde o rumo).

e) Frequentemente tem dificuldade para organizar tarefas e atividades (p. ex., dificuldade em gerenciar tarefas sequenciais; dificuldade em manter materiais e objetos pessoais em ordem; trabalho desorganizado e desleixado; mau gerenciamento do tempo; dificuldade em cumprir prazos).

f) Frequentemente evita, não gosta ou reluta em se envolver em tarefas que exijam esforço mental prolongado (p. ex., trabalhos escolares ou lições de casa; para adolescentes mais velhos e adultos, preparo de relatórios, preenchimento de formulários, revisão de trabalhos longos).

g) Frequentemente perde coisas necessárias para tarefas ou atividades (p. ex., materiais escolares, lápis, livros, instrumentos, carteiras, chaves, documentos, óculos, celular).

h) Com frequência é facilmente distraído por estímulos externos (para adolescentes mais velhos e adultos, pode incluir pensamentos não relacionados).

i) Com frequência é esquecido em relação a atividades cotidianas (p. ex., realizar tarefas, obrigações; para adolescentes mais velhos e adultos, retornar ligações, pagar contas, manter horários agendados).

2. Hiperatividade e Impulsividade: Seis (ou mais) dos seguintes sintomas persistem por pelo menos seis meses em um grau que é inconsistente com o nível do desenvolvimento e gera impacto negativo diretamente nas atividades sociais e acadêmicas / profissionais:

NOTA*: Os sintomas não são apenas uma manifestação de comportamento opositor, desafio, hostilidade ou dificuldade para compreender tarefas ou instruções. Para adolescentes mais velhos e adultos (17 anos ou mais), pelo menos cinco sintomas são necessários.

---

a) Frequentemente remexe ou batuca as mãos ou os pés ou se contorce na cadeira.

b) Frequentemente levanta da cadeira em situações em que se espera que permaneça sentado (p. ex., sai do seu lugar em sala de aula, no escritório ou em outro local de trabalho ou em outras situações que exijam que se permaneça em um mesmo lugar).

c) Frequentemente corre ou sobe nas coisas em situações em que isso é inapropriado. (Nota: Em adolescentes ou adultos, pode se limitar a sensações de inquietude).

d) Com frequência é incapaz de brincar ou se envolver em atividades de lazer calmamente.

e) Com frequência "não para", agindo como se estivesse "com o motor ligado" (p. ex., não consegue ou se sente desconfortável em ficar parado por muito tempo, como em restaurantes, reuniões; outros podem ver o indivíduo como inquieto ou difícil de acompanhar).

f) Frequentemente fala demais.

g) Frequentemente deixa escapar uma resposta antes que a pergunta tenha sido concluída (p. ex., termina frases dos outros, não consegue aguardar a vez de falar).

h) Frequentemente tem dificuldade para esperar a sua vez (p.ex., aguardar em uma fila).

i) Frequentemente interrompe ou se intromete (p. ex., mete-se nas conversas, jogos ou atividades; pode começar a usar as coisas de outras pessoas sem pedir ou receber permissão; para adolescentes e adultos, pode intrometer-se em ou assumir o controle sobre o que outros estão fazendo).

2. Vários sintomas de desatenção ou hiperatividade-impulsividade estavam presentes antes dos 12 anos de idade.

3. Vários sintomas de desatenção ou hiperatividade-impulsividade estão presentes em dois ou mais ambientes (p. ex., em casa, na escola, no trabalho; com amigos ou parentes; em outras atividades).

4. Há evidências claras de que os sintomas interferem no funcionamento social, acadêmico ou profissional ou de que reduzem sua qualidade.

5. Os sintomas não ocorrem exclusivamente durante o curso de esquizofrenia ou outro transtorno psicótico e não são mais bem explicados por outro transtorno mental (p. ex.,

transtorno do humor, transtorno de ansiedade, transtorno dissociativo, transtorno da personalidade, intoxicação ou abstinência de substância).

Determinar o Subtipo:

- 314.1 (F90.2) Apresentação combinada: Se tanto o Critério A1 (desatenção) quanto o Critério A2 (hiperatividade-impulsividade) são preenchidos nos últimos 6 meses.

- 314.0 (F90.0) Apresentação predominantemente desatenta: Se o Critério A1 (desatenção) é preenchido, mas o Critério A2 (hiperatividade-impulsividade) não é preenchido nos últimos 6 meses.

- 314.1 (F90.1) Apresentação predominantemente hiperativa/impulsiva: Se o Critério A2 (hiperatividade-impulsividade) é preenchido, e o Critério A1 (desatenção) não é preenchido nos últimos 6 meses.

Especificar se:

Em remissão parcial: Quando todos os critérios foram preenchidos no passado, mas nem todos os critérios foram preenchidos nos últimos 6 meses. Entretanto, os sintomas ainda resultam em prejuízo no funcionamento social, acadêmico ou profissional.

Especificar a gravidade atual:

1. **Leve**: Poucos sintomas, se algum está presente, além daqueles necessários para fazer o diagnóstico, e os sintomas resultam em não mais do que pequenos prejuízos no funcionamento social ou profissional.

2. **Moderada**: Sintomas ou prejuízo funcional entre "leve" e "grave" estão presentes.

3. **Grave**: Muitos sintomas além daqueles necessários para fazer o diagnóstico estão presentes, ou vários sintomas particularmente graves estão presentes, ou os sintomas podem resultar em prejuízo acentuado no funcionamento social ou profissional.

Características Diagnósticas

A característica essencial do Transtorno do Déficit de Atenção/Hiperatividade é um padrão persistente de Desatenção e/ou Hiperatividade-Impulsividade que interfere no funcionamento ou no desenvolvimento. A **DESATENÇÃO** manifesta-se através de divagações em tarefas, falta de persistência, dificuldade de manter o foco e desorganização - e não constitui consequência de desafio ou falta de compreensão. A **HIPERATIVIDADE** refere-se à atividade motora excessiva (como uma criança que corre por tudo) quando não apropriado ou remexer, batucar ou conversar em excesso. Nos adultos, a hiperatividade pode se manifestar como inquietude extrema ou esgotamento dos outros com sua atividade. A **IMPULSIVIDADE** refere-se a ações precipitadas que ocorrem no momento sem premeditação e com elevado potencial para dano à pessoa (p. ex., atravessar uma rua sem olhar). A **IMPULSIVIDADE** pode ser o reflexo de um desejo de recompensas imediatas ou de incapacidade de postergar a gratificação. Comportamentos impulsivos podem se manifestar com intromissão social (p. ex., interromper os outros em excesso) e/ou tomada de decisões importantes sem considerações acerca das consequências no longo prazo (p. ex., assumir um emprego sem informações adequadas).

O **TDAH** começa na infância. A exigência de que vários sintomas estejam presentes antes dos 12 anos de idade exprime a importância de uma apresentação clínica substancial durante a infância. Ao mesmo tempo, uma idade de início mais precoce não é especificada devido a dificuldades para se estabelecer retrospectivamente um início na infância. As lembranças dos adultos sobre sintomas na infância tendem a não ser confiáveis, sendo benéfico obter informações complementares.

Manifestações do transtorno devem estar presentes em mais de um ambiente (p. ex., em casa e na escola, no trabalho). A confirmação de sintomas substanciais em vários ambientes não costuma ser feita com precisão sem uma consulta a informantes que tenham visto o indivíduo em tais ambientes. É comum os sintomas variarem conforme o contexto em um determinado ambiente. Sinais do transtorno podem ser mínimos ou ausentes quando o indivíduo está recebendo recompensas frequentes por comportamento apropriado, está sob supervisão, está em uma situação nova, está envolvido em atividades especialmente interessantes, recebe estímulos externos consistentes (p. ex., através de telas eletrônicas) ou está interagindo em situações individualizadas (p. ex., em um consultório).

Características Associadas que Apoiam o Diagnóstico

Atrasos leves no desenvolvimento linguístico, motor ou social não são específicos do **TDAH**, embora costumem ser comórbidos. As características associadas podem incluir baixa tolerância à frustração, irritabilidade ou labilidade do humor. Mesmo na ausência de um transtorno específico da aprendizagem, o desempenho acadêmico ou profissional costuma estar prejudicado. Comportamento desatento está associado a vários processos cognitivos subjacentes, e indivíduos com **TDAH** podem exibir problemas cognitivos em testes de atenção, função executiva ou memória, embora esses testes não sejam suficientemente sensíveis ou específicos para servir como índices diagnósticos. No início da vida adulta, o **TDAH** está associado a risco aumentado de tentativa de suicídio, principalmente quando em comorbidade com transtornos do humor, da conduta ou por uso de substância.

Não há marcador biológico que seja diagnóstico de **TDAH**. Como grupo, na comparação com pares, crianças com **TDAH** apresentam eletroencefalogramas com aumento de ondas lentas, volume encefálico total reduzido na ressonância magnética e, possivelmente, atraso na maturação cortical no sentido póstero-anterior, embora esses achados não sejam diagnósticos. Nos raros casos em que há uma causa genética conhecida (p. ex., síndrome do X-frágil, síndrome da deleção 22qll), a apresentação do **TDAH** ainda deve ser diagnosticada.

Prevalência

Levantamentos populacionais sugerem que o **TDAH** ocorre na maioria das culturas em cerca de 5% das crianças e 2,5% dos adultos.

Desenvolvimento e Curso

Muitos pais observam pela primeira vez uma atividade motora excessiva quando a criança começa a andar, mas é difícil distinguir os sintomas do comportamento normal, que é altamente variável, antes dos 4 anos de idade. O **TDAH** costuma ser identificado com mais frequência durante os anos do ensino fundamental, com a desatenção ficando mais saliente e prejudicial. O transtorno fica relativamente estável nos anos iniciais da adolescência, mas alguns indivíduos têm piora no curso, com o desenvolvimento de comportamentos antissociais. Na maioria das pessoas com **TDAH**, sintomas de hiperatividade motora ficam menos claros na adolescência e na vida adulta, embora persistam dificuldades com planejamento, inquietude, desatenção e impulsividade. Uma proporção substancial de crianças com **TDAH** permanece relativamente prejudicada até a vida adulta.

Na pré-escola, a principal manifestação é a hiperatividade. A desatenção fica mais proeminente nos anos do ensino fundamental. Na adolescência, sinais de hiperatividade (p. ex., correr e subir nas coisas) são menos comuns, podendo limitar-se a comportamento mais irrequieto ou sensação interna de nervosismo, inquietude ou impaciência. Na vida adulta, além da desatenção e da inquietude, a impulsividade pode permanecer problemática, mesmo quando ocorreu redução da hiperatividade.

Fatores de Risco e Prognóstico

Temperamentais. O **TDAH** está associado a níveis menores de inibição comportamental, de controle à base de esforço ou de contenção, a afetividade negativa e/ou maior busca por novidades. Esses traços predispõem algumas crianças ao **TDAH**, embora não sejam específicos do transtorno.

Ambientais. Muito baixo peso ao nascer (menos de 1.500 gramas) confere um risco 2 a 3 vezes maior para **TDAH**, embora a maioria das crianças com baixo peso ao nascer não desenvolva transtorno. Embora o **TDAH** esteja correlacionado com tabagismo na gestação, parte dessa associação reflete um risco genético comum. Uma minoria de casos pode estar relacionada a reações a aspectos da dieta. Pode haver história de abuso infantil, negligência, múltiplos lares adotivos, exposição à neurotoxina (p. ex., chumbo), infecções (p. ex., encefalite) ou exposição ao álcool no útero. Exposição a toxinas ambientais foi correlacionada com **TDAH** subsequente, embora não se saiba se tais associações são causais.

Genéticos e fisiológicos. O **TDAH** é frequente em parentes biológicos de primeiro grau com o transtorno. A herdabilidade do **TDAH** é substancial. Enquanto genes específicos foram correlacionados com o transtorno, eles não constituem fatores causais necessários ou suficientes. Deficiências visuais e auditivas, anormalidades metabólicas, transtornos do sono, deficiências nutricionais e epilepsia devem ser considerados influências possíveis sobre sintomas de **TDAH**.

O **TDAH** não está associado a características físicas específicas, ainda que taxas de anomalias físicas menores (p. ex., hipertelorismo, palato bastante arqueado, baixa implantação de orelhas) possam ser relativamente aumentadas. Atrasos motores sutis e outros sinais neurológicos leves podem ocorrer. Notar que falta de jeito e atrasos motores comórbidos devem ser codificados em separado (p. ex., transtorno do desenvolvimento da coordenação).

Modificadores do curso. Padrões de interação familiar no começo da infância provavelmente não causam **TDAH**, embora possam influenciar seu curso ou contribuir para o desenvolvimento secundário de problemas de conduta.

Questões Diagnósticas Relativas à Cultura

Diferenças regionais nas taxas de prevalência do **TDAH** parecem principalmente atribuíveis a práticas diagnósticas e metodológicas diferentes. Entretanto, pode haver, ainda, variações culturais em termos de atitudes ou interpretações acerca do comportamento infantil. As taxas de identificação clínica nos Estados Unidos para populações afro-americanas e latinas tendem a ser mais baixas do que para populações brancas. As pontuações de sintomas por informantes podem ser influenciadas pelo grupo cultural da criança e do informante, sugerindo que práticas culturalmente apropriadas são relevantes na avaliação do **TDAH**.

Questões Diagnósticas Relativas ao Gênero

O **TDAH** é mais frequente no sexo masculino do que no feminino na população em geral, com uma proporção de cerca de 2:1 nas crianças e de 1,6:1 nos adultos. Há maior probabilidade de pessoas dó sexo feminino se apresentarem primariamente com características de desatenção na comparação com as do sexo masculino.

Consequências Funcionais do TDAH

O **TDAH** está associado a desempenho escolar e sucesso acadêmico reduzido, rejeição social e, nos adultos, a piores desempenhos, sucesso e assiduidade no campo profissional e a maior probabilidade de desemprego, além de altos níveis de conflito interpessoal. Crianças com **TDAH** apresentam uma probabilidade significativamente maior do que seus pares para desenvolver transtorno da conduta na adolescência e transtorno da personalidade antissocial na idade adulta, aumentando, assim, a probabilidade de transtornos por uso de substâncias e prisão. O risco subsequente para transtornos por uso posterior de substâncias é alto, especialmente quando se desenvolve transtorno da conduta ou transtorno da personalidade antissocial. Indivíduos com **TDAH** são mais propensos a sofrer lesões do que seus colegas. Acidentes e violações de trânsito são mais frequentes em condutores com o transtorno. Pode haver probabilidade aumentada de obesidade entre indivíduos com **TDAH**.

Autodeterminação variável ou inadequada para realização de tarefas que exijam esforço prolongado frequentemente é interpretada pelos outros, como preguiça, irresponsabilidade ou falta de cooperação. As relações familiares podem se caracterizar por discórdia e interações negativas. As relações com os pares costumam ser conturbadas devido a rejeição por parte daqueles, negligência ou provocações em relação ao indivíduo com **TDAH**. Em média, pessoas com o transtorno alcançam escolaridade menor, menos sucesso profissional e escores intelectuais reduzidos na comparação com seus pares, embora exista grande variabilidade. Em sua forma grave, o transtorno é marcadamente prejudicial, afetando a adaptação social, familiar e escolar/profissional.

Déficits acadêmicos, problemas escolares e negligência pelos colegas tendem a estar principalmente associados a sintomas elevados de desatenção, ao passo que rejeição por colegas e, em menor grau, lesões acidentais são mais proeminentes com sintomas acentuados de hiperatividade ou impulsividade.

Diagnóstico Diferencial

- **Transtorno de Oposição Desafiante (TOD).** Indivíduos com transtorno de oposição desafiante podem resistir a tarefas profissionais ou escolares que exijam autodeterminação porque resistem a se conformar às exigências dos outros. Seu comportamento caracteriza-se por negatividade, hostilidade e desafio. Tais sintomas devem ser diferenciados de aversão à escola ou a tarefas de alta exigência mental causadas por dificuldade em manter um esforço mental prolongado, esquecimento de orientações e impulsividade que caracteriza os indivíduos com **TDAH**. Um complicador do diagnóstico diferencial é o fato de que alguns indivíduos com **TDAH** podem desenvolver atitudes de oposição secundárias em relação a tais tarefas e, assim, desvalorizar sua importância.

- **Transtorno Explosivo Intermitente (TEI).** O **TDAH** e o transtorno explosivo intermitente compartilham níveis elevados de comportamento impulsivo. Entretanto, indivíduos com o transtorno explosivo intermitente apresentam agressividade importante dirigida aos outros, o que não é característico do **TDAH**, e não têm problemas em manter a atenção como se vê no **TDAH**. Além disso, o transtorno explosivo intermitente é raro na infância. O transtorno explosivo intermitente pode ser diagnosticado na presença de **TDAH**.

- **Outros Transtornos Do Neurodesenvolvimento.** A atividade motora aumentada que pode ocorrer no **TDAH** deve ser diferenciada do comportamento motor repetitivo que caracteriza o transtorno do movimento estereotipado e alguns casos de transtorno do espectro autista. No transtorno do movimento estereotipado, o comportamento motor costuma ser fixo e repetitivo (p* ex., balançar o corpo, morder a si mesmo), enquanto a inquietude e a agitação no **TDAH** costumam ser generalizadas e não caracterizadas por movimentos estereotipados repetitivos. No; transtorno de Tourette, tiques múltiplos e frequentes podem ser confundidos com a inquietude generalizada do **TDAH**. Pode haver necessidade de observação prolongada para que seja feita a distinção entre inquietude e ataques de múltiplos tiques.

- **Transtorno Específico de Aprendizagem (TEA)**. Crianças com um transtorno específico da aprendizagem podem parecer desatentas devido a frustração, falta de interesse ou capacidade limitada. A desatenção, no entanto, em pessoas com um transtorno específico da aprendizagem, mas sem **TDAH**, não acarreta prejuízos fora dos trabalhos acadêmicos.

- **Deficiência Intelectual (Transtorno do Desenvolvimento Intelectual)**. Sintomas de **TDAH** são comuns entre crianças colocadas em ambientes acadêmicos inadequados à sua capacidade intelectual. Nesses casos, os sintomas não são evidentes durante tarefas não acadêmicas. Um diagnóstico de **TDAH** na deficiência intelectual exige que desatenção ou hiperatividade sejam excessivas para a idade mental.

- **Transtorno do Espectro Autista (TEA)**. Indivíduos com **TDAH** e aqueles com transtorno do espectro autista exibem desatenção, disfunção social e comportamento de difícil manejo. A disfunção social e a rejeição pelos pares encontradas em pessoas com **TDAH** devem ser diferenciadas da falta de envolvimento social, do isolamento e da indiferença a pistas de comunicação faciais e de tonalidade encontrados em indivíduos com transtorno do espectro autista. Crianças com transtorno do espectro autista podem ter ataques de raiva devido a incapacidade de tolerar mudanças no curso dos eventos esperado por elas. Em contraste, crianças com **TDAH** podem se comportar mal ou ter um ataque de raiva durante alguma transição importante devido a impulsividade ou autocontrole insatisfatório.

- **Transtorno de Apego Reativo (TAR)**. Crianças com transtorno de apego reativo podem apresentar desinibição social, mas não o conjunto completo de sintomas de **TDAH**, exibindo, ainda, outras características, tais como ausência de relações duradouras, que não são características do **TDAH**.

- **Transtornos de Ansiedade**. O **TDAH** compartilha sintomas de desatenção com transtornos de ansiedade. Indivíduos com **TDAH** são desatentos por causa de sua atração por estímulos externos, atividades novas ou predileção por atividades agradáveis. Isso é diferente da desatenção por preocupação e ruminação encontrada nos transtornos de ansiedade. Agitação pode ser encontrada em transtornos de ansiedade. No **TDAH**, todavia, o sintoma não está associado a preocupação e ruminação.

- **Transtornos Depressivos**. Indivíduos com transtornos depressivos podem se apresentar com incapacidade de se concentrar. Entretanto, a dificuldade de concentração nos transtornos do humor fica proeminente apenas durante um episódio depressivo.

- **Transtorno Bipolar**. Indivíduos com transtorno bipolar podem ter aumento da atividade, dificuldade de concentração e aumento na impulsividade. Essas características, entretanto, são episódicas, ocorrendo por vários dias de cada vez. No transtorno bipolar, aumento na impulsividade ou desatenção é acompanhado por humor elevado, grandiosidade e outras características bipolares específicas. Crianças com **TDAH** podem apresentar mudanças importantes de humor em um mesmo dia; essa labilidade é diferente de um episódio maníaco, que deve durar quatro dias ou mais para ser um indicador clínico de transtorno bipolar, mesmo em crianças. O transtorno bipolar é raro em pré-adolescentes, mesmo quando irritabilidade grave e raiva são proeminentes, ao passo que o **TDAH** é comum entre crianças e adolescentes que apresentam raiva e irritabilidade excessivas.

- **Transtorno Disruptivo da Desregulação do Humor.** O transtorno disruptivo da desregulação do humor é caracterizado por irritabilidade pervasiva e por intolerância a frustração, mas impulsividade e atenção desorganizada não são aspectos essenciais. A maioria das crianças e dos adolescentes com o transtorno, no entanto, tem sintomas que também preenchem critérios para **TDAH**, que deve ser diagnosticado em separado.

- **Transtorno por uso de Substância.** Diferenciar o **TDAH** dos transtornos por uso de substância pode ser um problema se a primeira apresentação dos sintomas do **TDAH** ocorrer após o início do abuso ou do uso frequente. Evidências claras de **TDAH** antes do uso problemático de substâncias, obtidas por meio de informantes ou registros prévios, podem ser essenciais para o diagnóstico diferencial.

- **Transtornos da Personalidade.** Em adolescentes e adultos, pode ser difícil diferenciar **TDAH** dos transtornos da personalidade *Borderline*, narcisista e outros transtornos da personalidade. Todos estes tendem a compartilhar características de desorganização, intrusão social, desregulação emocional e desregulação cognitiva. O **TDAH**, porém, não é caracterizado por medo do abandono, autolesão, ambivalência extrema ou outras características de transtornos da personalidade. Pode haver necessidade de observação prolongada, entrevista com informantes ou história detalhada para distinguir comportamento impulsivo, socialmente intrusivo ou inadequado de comportamento narcisista, agressivo ou dominador para que seja feito esse diagnóstico diferencial.

- **Transtornos Psicóticos.** O **TDAH** não é diagnosticado se os sintomas de desatenção e hiperatividade ocorrem exclusivamente durante o curso de um transtorno psicótico.

- **Sintomas de TDAH induzidos por medicamentos.** Sintomas de desatenção, hiperatividade ou impulsividade atribuíveis ao uso de medicamentos (p. ex., broncodilatadores, isoniazida, neurolépticos [resultando em acatisia], terapia de reposição para a tireoide) são diagnosticados como transtorno por uso de outra substância (ou substância desconhecida) ou transtorno relacionado a outra substância (ou substância desconhecida não especificada).

- **Transtornos Neurocognitivos**. Não se sabe se Transtorno Neurocognitivo Maior precoce (demência) e/ou Transtorno Neurocognitivo Leve estão associados ao **TDAH**, embora possam se apresentar com frequência características clínicas semelhantes. Essas condições são diferenciadas do **TDAH** por seu início tardio.

Comorbidade

Em ambientes clínicos, transtornos comórbidos são frequentes em indivíduos cujos sintomas preenchem critérios para **TDAH**. Na população em geral, Transtorno de Oposição Desafiante (TOD) é comórbido com **TDAH** em cerca de metade das crianças com a apresentação combinada e em cerca de um quarto daquelas com a apresentação predominantemente desatenta. Transtorno da Conduta é comórbido com **TDAH** em aproximadamente um quarto das crianças e dos adolescentes com a apresentação combinada, dependendo da idade e do ambiente.

A maioria das crianças e dos adolescentes com Transtorno Disruptivo da Desregulação do Humor tem sintomas que também preenchem critérios para **TDAH**; uma porcentagem menor de crianças com **TDAH** tem sintomas que preenchem critérios para Transtorno Disruptivo da Desregulação do Humor. Transtorno Específico de Aprendizagem (TEA) comumente é comórbido com **TDAH*** Transtornos de Ansiedade e Transtorno Depressivo Maior (TDM) ocorrem em uma minoria de indivíduos com **TDAH**, embora com maior frequência do que na população em geral. Transtorno Explosivo Intermitente (TEI) ocorre em uma minoria de adultos com **TDAH**, embora com taxas acima dos níveis populacionais.

Ainda que transtornos por abuso de substância sejam relativamente mais frequentes entre adultos com **TDAH** na população em geral, estão presentes em apenas uma minoria deles. Nos adultos, Transtorno de Personalidade Antissocial (TPA) e outros transtornos da personalidade podem ser comórbidos com **TDAH**. Outros transtornos que podem ser comórbidos com o **TDAH** incluem o Transtorno Obsessivo-Compulsivo (TOC), os Transtornos de Tique e o Transtorno do Espectro Autista (TEA).

Outros Instrumentos Para Diagnosticar o TDAH

O processo de avaliação para o diagnóstico do Transtorno de Déficit de Atenção/Hiperatividade (**TDAH**) deve ser realizado através de uma minuciosa investigação clínica, contemplando todo histórico do paciente. Entretanto, quanto mais criteriosa for realizada essa avaliação em relação à utilização de recursos instrumentais, menor a possibilidade de cometer equívoco no diagnóstico. Uma avaliação que — além de fornecer um diagnóstico preciso — seja capaz de apontar a presença de transtornos comórbidos, analisando uma perspectiva sobre o funcionamento danoso e desajustado do sujeito, também proporcionará uma melhor escolha relacionada às técnicas e/ou estratégias mais eficientes para serem utilizadas durante o seu tratamento. Favorecendo assim o prognóstico do indivíduo.

Dessa maneira, embora as características presentes na Classificação Internacional de Doenças (**CID**) e, sobretudo, os Critérios Diagnósticos descritos no Manual Diagnóstico e Estatístico de Transtornos Mentais (**DSM**) sejam considerados como os instrumentos mais fidedignos e consistentes para auxiliar no processo de diagnóstico do **TDAH**, existe uma ampla variedade de testes, escalas e outros instrumentos psicológicos que podem, e devem ser utilizados a fim de corroborar com a precisão no processo avaliativo e diagnóstico do Transtorno de Déficit de Atenção/Hiperatividade (**TDAH**).

SNAP-IV — Para o Diagnóstico do TDAH em Crianças e Adolescentes

Ferramenta de domínio público, o Swanson Nolan and Pelham-IV Questionnaire, ou simplesmente, SNAP-IV é um questionário de fácil uso, foi desenvolvido a partir dos mesmos critérios presentes no **DSM** para avaliação dos sintomas do Transtorno do Déficit de Atenção/Hiperatividade (**TDAH**) em crianças e adolescentes. Como as características do **TDAH** geralmente se manifestam em contextos diferentes, esse questionário também pode ser preenchido por pais e/ou professores.

Como Usar

Para cada uma das **18** sentenças descritas abaixo escolha e marque uma das **4** opções de respostas que melhor corresponde à criança ou adolescente avaliado.

1. Não consegue prestar muita atenção a detalhes ou comete erros por descuido nos trabalhos da escola ou tarefas.

( ) Nem um Pouco

( ) Só um pouco

( ) Bastante

( ) Demais

2. Tem dificuldade de manter a atenção em tarefas ou atividades de lazer.

( ) Nem um Pouco

( ) Só um pouco

( ) Bastante

( ) Demais

3. Parece não estar ouvindo quando se fala diretamente com ele.

( ) Nem um Pouco

( ) Só um pouco

( ) Bastante

( ) Demais

4. Não segue instruções até o fim e não termina deveres de escola, tarefas ou obrigações.

( ) Nem um Pouco

( ) Só um pouco

( ) Bastante

( ) Demais

5. Tem dificuldade para organizar tarefas e atividades.

( ) Nem um Pouco

( ) Só um pouco

( ) Bastante

( ) Demais

6. Evita, não gosta ou se envolve contra a vontade em tarefas que exigem esforço mental prolongado.

( ) Nem um Pouco

( ) Só um pouco

( ) Bastante

( ) Demais

7. Perde coisas necessárias para atividades (p. ex. brinquedos, deveres da escola, lápis ou livros).

( ) Nem um Pouco

( ) Só um pouco

( ) Bastante

( ) Demais

8. Distrai-se com estímulos externos.

( ) Nem um Pouco

( ) Só um pouco

( ) Bastante

( ) Demais

9. É esquecido em atividades do dia-a-dia.

( ) Nem um Pouco

( ) Só um pouco

( ) Bastante

( ) Demais

10. Mexe com as mãos, os pés ou se remexe na cadeira.

( ) Nem um Pouco

( ) Só um pouco

( ) Bastante

( ) Demais

11. Sai do lugar na sala de aula ou em outras situações em que se espera que fique sentado (a).

( ) Nem um Pouco

( ) Só um pouco

( ) Bastante

( ) Demais

12. Corre de um lado para outro ou sobe nas coisas em situações inapropriadas.

( ) Nem um Pouco

( ) Só um pouco

( ) Bastante

( ) Demais

13. Demonstra dificuldade em brincar ou envolver-se em atividades de lazer de forma tranquila.

( ) Nem um Pouco

( ) Só um pouco

( ) Bastante

( ) Demais

14. Não para quieto ou frequentemente está a "mil por hora".

( ) Nem um Pouco

( ) Só um pouco

( ) Bastante

( ) Demais

15. Fala em excesso.

( ) Nem um Pouco

( ) Só um pouco

( ) Bastante

( ) Demais

16. Responde as perguntas de forma precipitada, antes mesmo delas serem concluídas.

( ) Nem um Pouco

( ) Só um pouco

( ) Bastante

( ) Demais

17. Apresenta dificuldade em esperar sua vez.

( ) Nem um Pouco

( ) Só um pouco

( ) Bastante

( ) Demais

18. Interrompe os outros ou se intromete em conversas, jogos, etc.

( ) Nem um Pouco

( ) Só um pouco

( ) Bastante

( ) Demais

Como Avaliar

1. Se pelo menos 6 itens foram marcados como **BASTANTE** ou **DEMAIS** de 1 a 9 = existem mais sintomas de desatenção que o esperado para uma criança ou adolescente.

2. Se pelo menos 6 itens foram marcados como **BASTANTE** ou **DEMAIS** de 10 a 18 = existem mais sintomas de hiperatividade e impulsividade que o esperado para uma criança ou adolescente.

IMPORTANTE: Não se pode fazer o diagnóstico de **TDAH** apenas com o critério A. Portanto, para considerar o diagnóstico veja abaixo os demais critérios que também são necessários.

Critério A: Sintomas (vistos acima)

Critério B: Alguns desses sintomas devem estar presentes antes dos 7 anos de idade.

Critério C: Existem problemas causados pelos sintomas acima em pelo menos 2 contextos diferentes (por ex., na escola, no trabalho, na vida social e em casa).

Critério D: Há problemas evidentes na vida escolar, social ou familiar por conta dos sintomas.

Critério E: Se existe algum outro problema (tal como depressão, deficiência mental, psicose, etc.), os sintomas não podem ser atribuídos exclusivamente a ele.

ASRS-18 — Para o Diagnóstico do TDAH em Adultos

A Adult Self-Report Scale, ou Escala de Autoavaliação do Adulto (ASRS-18), é um instrumento importante para ajudar no diagnóstico do **TDAH** no adulto. A escala foi desenvolvida por pesquisadores em colaboração com a Organização Mundial de Saúde (OMS) e validada para a língua portuguesa no ano de 2006. Considerando que certos sintomas aparecem com mais ênfase em ambientes específicos como o trabalho, em casa ou lazer, a escala é recomendada também para que seja preenchida tanto pelo paciente, quanto pelos seus familiares, colegas de trabalho e/ou amigos.

A escala possui 18 itens que contemplam os sintomas presentes no **Critério A** do **DSM.** No entanto, modificados e adaptados para o contexto da vida adulta. E oferece 5 pontuações diferentes para cada opção de resposta de frequência:

1. **Nunca = 0 Pontos**
2. **Raramente = 1 Ponto**
3. **Algumas Vezes = 2 Pontos**
4. **Frequentemente = 3 Pontos**
5. **Muito Frequentemente = 4 Pontos**

Como Usar

Responda as perguntas abaixo de acordo com a pontuação das opções de resposta de frequência que melhor representam como a pessoa avaliada se sentiu e/ou se comportou nos últimos seis meses.

PARTE A

1. Com que frequência você comete erros por falta de atenção quando tem de trabalhar num projeto chato ou difícil?

( ) Nunca

( ) Raramente

( ) Algumas Vezes

( ) Frequentemente

( ) Muito Frequentemente

2. Com que frequência você tem dificuldade para manter a atenção quando está fazendo um trabalho chato ou repetitivo?

( ) Nunca

( ) Raramente

( ) Algumas Vezes

( ) Frequentemente

( ) Muito Frequentemente

3. Com que frequência você tem dificuldade para se concentrar no que as pessoas dizem, mesmo quando elas estão falando diretamente com você?

( ) Nunca

( ) Raramente

( ) Algumas Vezes

( ) Frequentemente

( ) Muito Frequentemente

4. Com que frequência você deixa um projeto pela metade depois de já ter feito as partes mais difíceis?

( ) Nunca

( ) Raramente

( ) Algumas Vezes

( ) Frequentemente

( ) Muito Frequentemente

5. Com que frequência você tem dificuldade para fazer um trabalho que exige organização?

( ) Nunca

( ) Raramente

( ) Algumas Vezes

( ) Frequentemente

( ) Muito Frequentemente

6. Quando você precisa fazer algo que exige muita concentração, com que frequência você evita ou adia o início?

( ) Nunca

( ) Raramente

( ) Algumas Vezes

( ) Frequentemente

( ) Muito Frequentemente

7. Com que frequência você coloca as coisas fora do lugar ou tem de dificuldade de encontrar as coisas em casa ou no trabalho?

( ) Nunca

( ) Raramente

( ) Algumas Vezes

( ) Frequentemente

( ) Muito Frequentemente

8. Com que frequência você se distrai com atividades ou barulho a sua volta?

( ) Nunca

( ) Raramente

( ) Algumas Vezes

( ) Frequentemente

( ) Muito Frequentemente

9. Com que frequência você tem dificuldade para lembrar-se de compromissos ou obrigações?

( ) Nunca

( ) Raramente

( ) Algumas Vezes

( ) Frequentemente

( ) Muito Frequentemente

PARTE B

1. Com que frequência você fica se mexendo na cadeira ou balançando as mãos ou os pés quando precisa ficar sentado (a) por muito tempo?

( ) Nunca

( ) Raramente

( ) Algumas Vezes

( ) Frequentemente

( ) Muito Frequentemente

2. Com que frequência você se levanta da cadeira em reuniões ou em outras situações onde deveria ficar sentado (a)?

( ) Nunca

( ) Raramente

( ) Algumas Vezes

( ) Frequentemente

( ) Muito Frequentemente

3. Com que frequência você se sente inquieto (a) ou agitado (a)?

( ) Nunca

( ) Raramente

( ) Algumas Vezes

( ) Frequentemente

( ) Muito Frequentemente

4. Com que frequência você tem dificuldade para sossegar e relaxar quando tem tempo livre?

( ) Nunca

( ) Raramente

( ) Algumas Vezes

( ) Frequentemente

( ) Muito Frequentemente

5. Com que frequência você se sente ativo (a) demais e necessitando fazer coisas, como se estivesse "com um motor ligado"?

( ) Nunca

( ) Raramente

( ) Algumas Vezes

( ) Frequentemente

( ) Muito Frequentemente

6. Com que frequência você se pega falando demais em situações sociais?

( ) Nunca

( ) Raramente

( ) Algumas Vezes

( ) Frequentemente

( ) Muito Frequentemente

7. Quando você está conversando, com que frequência você se pega terminando as frases das pessoas antes delas?

( ) Nunca

( ) Raramente

( ) Algumas Vezes

( ) Frequentemente

( ) Muito Frequentemente

8. Com que frequência você tem dificuldade para esperar nas situações onde cada um tem a sua vez?

( ) Nunca

( ) Raramente

( ) Algumas Vezes

( ) Frequentemente

( ) Muito Frequentemente

9. Com que frequência você interrompe os outros quando eles estão ocupados?

( ) Nunca

( ) Raramente

( ) Algumas Vezes

( ) Frequentemente

( ) Muito Frequentemente

Como Avaliar

Se os itens de desatenção da parte A (1 a 9) e/ou os itens de hiperatividade-impulsividade da parte B (1 a 9) possuem várias respostas marcadas com **FREQUENTEMENTE** ou **MUITO FREQUENTEMENTE** existe grande chance da pessoa avaliada ser portadora do **TDAH** (pelo menos 4 em cada uma das partes).

IMPORTANTE: Não se pode fazer o diagnóstico de **TDAH** apenas com os sintomas apresentados na tabela. Para considerar o diagnóstico veja abaixo os demais critérios que também são necessários.

Critério A: Sintomas (vistos na tabela acima)

Critério B: Alguns desses sintomas devem estar presentes desde precocemente (até 12 anos).

Critério C: Existem problemas causados pelos sintomas acima em pelo menos 2 contextos diferentes (por ex., no trabalho, na vida social, na faculdade e no relacionamento conjugal ou familiar).

Critério D: Há problemas evidentes por conta dos sintomas.

Critério E: Se existe a presença de qualquer outro transtorno (tal como depressão, deficiência mental, psicose, etc.), os sintomas não podem ser atribuídos exclusivamente a ele.

NOTA*: O estudo Americano que originou a criação da ASRS-18 sugere que uma pontuação acima de 24 seja considerada como forte indício para a presença do **TDAH** no adulto. Contudo, é imprescindível a confirmação atestada por um especialista, considerando que muitos dos sintomas descritos na escala podem estar associados a outras comorbidades correlatas ao **TDAH** e/ou a outras condições psicopatológicas.

Critérios de Avaliação Preliminar para o TDAH em Adultos

Esse teste é fundamentado na lista dos sintomas que caracterizam o Transtorno do Déficit de Atenção com Hiperatividade (**TDAH**) em sua manifestação adulta. Entretanto, a sua avaliação deve ser considerado somente como um recurso secundário para o indício da existência do **TDAH**.

Como Usar

Marque no quadro abaixo, as opções que melhor se referem à pessoa avaliada. No final, quanto mais alternativas estiverem assinaladas, maior a probabilidade da presença do **TDAH**.

Tipo Desatento

(1) Presta pouca atenção a detalhes e costuma cometer erros por falta de atenção.

(2) Tem dificuldade em se concentrar ao assistir uma palestra, ler um livro, etc.

(3) Às vezes parece não ouvir quando lhe dirigem a palavra, ou numa conversa acaba prestando atenção em outras coisas.

(4) Tem dificuldade em seguir as instruções (não por incapacidade em compreendê-las), preferindo sempre a fazer suas tarefas "do seu jeito", no "seu tempo", muitas vezes deixando-as inacabadas.

(5) Dificuldade de organizar seu tempo para fazer algo ou planejar algo com antecedência.

(6) Relutância para fazer ou iniciar tarefas que exigem esforço mental e constante por muito tempo.

(7) Perde objetos e/ou esquece nomes, compromissos, datas.

(8) Distrai-se facilmente com coisas à sua volta ou mesmo com seus próprios pensamentos, parecendo muitas vezes "sonhar acordado".

(9) Apresenta com frequência esquecimento em suas atividades diárias.

É necessário que a pessoa tenha 5 ou mais dos sintomas acima, para haver maior possibilidade do diagnóstico de TDAH do Tipo Desatento.

Tipo Hiperativo / Impulsivo

(1) Movimenta-se de modo incessante os pés, as mãos ou se remexe na cadeira.

(2) Tem dificuldade para permanecer sentado (a) em situações onde isso é esperado.

(3) Sente-se incapaz de relaxar, descansar, a musculatura geralmente é tensa e está sempre em busca de algo para fazer.

(4) Tem dificuldade em manter-se silencioso em atividades de lazer.

(5) Parece ser movido por um motor "elétrico", pois está sempre, a "mil por hora".

(6) Fala, come, compra ou trabalha em demasia.

(7) Responde precipitadamente a perguntas antes que elas sejam concluídas. Responde questões escritas antes de ler até o final.

(8) Tem dificuldade em aguardar a sua vez: em conversas, filas, restaurantes.

(9) Interrompe, frequentemente, os outros em suas atividades e/ou conversas.

É necessário que a pessoa tenha 5 ou mais sintomas para haver maior possibilidade do diagnóstico de TDAH do Tipo Hiperativo/Impulsivo.

Tipo Combinado

É necessário que a pessoa tenha 5 ou mais sintomas de cada um dos 2 grupos acima para haver maior possibilidade do diagnóstico de TDAH do Tipo Combinado.

IMPORTANTE! No diagnóstico de **TDAH**, além dos sintomas acima, os demais critérios também devem ser observados:

A Sintomas (vistos acima).

B Alguns desses sintomas devem estar presentes antes dos 12 anos de idade.

C Existem problemas causados pelos sintomas acima em pelo menos 2 contextos diferentes (trabalho, na vida social, faculdade, relacionamento conjugal e/ou familiar).

D Há problemas evidentes na vida profissional, social, familiar e/ou afetiva por conta dos sintomas.

E Se existe outro problema (tal como depressão, deficiência mental, psicose, etc.), os sintomas não podem ser atribuídos exclusivamente a ele.

ADHD — Screening Quiz for Adults

Desenvolvido no começo da década de 90 por Larry Jasper e Ivan Goldberg, o ADHD — Screening Quiz for Adults (Questionário de Triagem para **TDAH** em Adultos) é uma avaliação de triagem para verificar a existência do **TDAH** em adultos.

Como Usar

Os 24 itens propostos abaixo devem estar em harmonia de como a pessoa avaliada se comportou e se sentiu durante a maior parte da sua vida adulta. Se ela tem sido geralmente de uma maneira, mas mudou recentemente, as suas respostas deverão seguir a reflexão: "Como Essa Pessoa Tem Sido Geralmente?" Depois, para cada questão apresentada, considere 1 das 6 respostas abaixo que melhor corresponda à pessoa avaliada.

1. **Nunca = 0 Pontos**
2. **Só Um Pouco = 1 Ponto**
3. **Razoavelmente = 2 Pontos**
4. **Moderadamente = 3 Pontos**
5. **Na maioria das vezes = 4 Pontos**
6. **Muito = 5 Pontos**

1. Em casa, no trabalho ou na escola, sinto a minha mente afastar-se das tarefas desinteressantes ou difíceis.

( ) Nunca

( ) Só um pouco

( ) Razoavelmente

( ) Moderadamente

( ) Na maioria das vezes

( ) Muito

2. Acho difícil ler textos escritos, a menos que seja sobre algo muito interessante e/ou muito fácil de ser lido.

( ) Nunca

( ) Só um pouco

( ) Razoavelmente

( ) Moderadamente

( ) Na maioria das vezes

( ) Muito

3. Especialmente em grupos, acho difícil permanecer focado (a) sobre aquilo que está sendo dito nas conversas.

( ) Nunca

( ) Só um pouco

( ) Razoavelmente

( ) Moderadamente

( ) Na maioria das vezes

( ) Muito

4. Tenho um temperamento irritadiço e, normalmente, sou "pavio curto".

( ) Nunca

( ) Só um pouco

( ) Razoavelmente

( ) Moderadamente

( ) Na maioria das vezes

( ) Muito

5. Irrito-me facilmente e aborreço-me por pequenas coisas.

( ) Nunca

( ) Só um pouco

( ) Razoavelmente

( ) Moderadamente

( ) Na maioria das vezes

( ) Muito

6. Muitas vezes, eu falo coisas sem pensar, e depois me arrependo de tê-las dito.

( ) Nunca

( ) Só um pouco

( ) Razoavelmente

( ) Moderadamente

( ) Na maioria das vezes

( ) Muito

7. Geralmente, tomo decisões precipitadas, sem avaliar o suficiente sobre suas possíveis consequências.

( ) Nunca

( ) Só um pouco

( ) Razoavelmente

( ) Moderadamente

( ) Na maioria das vezes

( ) Muito

8. Tenho problemas nos relacionamento interpessoais em virtude da minha tendência em falar primeiro e pensar depois.

( ) Nunca

( ) Só um pouco

( ) Razoavelmente

( ) Moderadamente

( ) Na maioria das vezes

( ) Muito

9. Meu humor oscila de um extremo ao outro, entre altos e baixos.

( ) Nunca

( ) Só um pouco

( ) Razoavelmente

( ) Moderadamente

( ) Na maioria das vezes

( ) Muito

10. Tenho dificuldade de planejamento sobre qual ordem devo seguir para realizar as tarefas ou atividades.

( ) Nunca

( ) Só um pouco

( ) Razoavelmente

( ) Moderadamente

( ) Na maioria das vezes

( ) Muito

11. Eu fico aborrecido (a) com facilidade.

( ) Nunca

( ) Só um pouco

( ) Razoavelmente

( ) Moderadamente

( ) Na maioria das vezes

( ) Muito

12. Tenho baixa tolerância a críticas negativas, e fico facilmente chateado (a) com isso.

( ) Nunca

( ) Só um pouco

( ) Razoavelmente

( ) Moderadamente

( ) Na maioria das vezes

( ) Muito

13. Estou quase sempre me movimentando. Sou muito agitado (a).

( ) Nunca

( ) Só um pouco

( ) Razoavelmente

( ) Moderadamente

( ) Na maioria das vezes

( ) Muito

14. Sinto-me mais confortável quando estou me movimentando, do que quando estou parado (a).

( ) Nunca

( ) Só um pouco

( ) Razoavelmente

( ) Moderadamente

( ) Na maioria das vezes

( ) Muito

15. Nas conversas, começo a responder às perguntas antes mesmo das pessoas a formularem inteiramente.

( ) Nunca

( ) Só um pouco

( ) Razoavelmente

( ) Moderadamente

( ) Na maioria das vezes

( ) Muito

16. Eu costumo trabalhar em mais de um projeto ao mesmo tempo, e normalmente, acabo não concluindo muitos deles.

( ) Nunca

( ) Só um pouco

( ) Razoavelmente

( ) Moderadamente

( ) Na maioria das vezes

( ) Muito

17. Há sempre muitas ideias, pensamentos e diálogos internos na minha cabeça, como uma espécie de "tagarelice".

( ) Nunca

( ) Só um pouco

( ) Razoavelmente

( ) Moderadamente

( ) Na maioria das vezes

( ) Muito

18. Mesmo quando estou sentado (a) em silêncio, geralmente fico movendo minhas mãos ou pés.

( ) Nunca

( ) Só um pouco

( ) Razoavelmente

( ) Moderadamente

( ) Na maioria das vezes

( ) Muito

19. Nas atividades em grupo, é muito difícil ter que esperar minha vez.

( ) Nunca

( ) Só um pouco

( ) Razoavelmente

( ) Moderadamente

( ) Na maioria das vezes

( ) Muito

20. Minha mente fica sempre tão confusa que parece difícil conseguir ter um bom funcionamento mental.

( ) Nunca

( ) Só um pouco

( ) Razoavelmente

( ) Moderadamente

( ) Na maioria das vezes

( ) Muito

21. Penso em diversas coisas simultaneamente, e meus pensamentos parecem se mover como se a minha mente fosse uma máquina de fliperama.

( ) Nunca

( ) Só um pouco

( ) Razoavelmente

( ) Moderadamente

( ) Na maioria das vezes

( ) Muito

22. Meu cérebro parece um aparelho de televisão com todos os canais ligados ao mesmo tempo.

( ) Nunca

( ) Só um pouco

( ) Razoavelmente

( ) Moderadamente

( ) Na maioria das vezes

( ) Muito

23. Quando estou devaneando fica até difícil parar de "sonhar acordado".

( ) Nunca

( ) Só um pouco

( ) Razoavelmente

( ) Moderadamente

( ) Na maioria das vezes

( ) Muito

24. Fico angustiado (a) pela maneira desorganizada do funcionamento do meu cérebro.

( ) Nunca

( ) Só um pouco

( ) Razoavelmente

( ) Moderadamente

( ) Na maioria das vezes

( ) Muito

Como Avaliar

De 0 a 24 pontos — Provavelmente não tem **TDAH**

De 25 a 34 pontos — Possui apenas alguns sintomas do **TDAH**

De 35 a 49 pontos — A pessoa avaliada provavelmente possui o **TDAH** com gravidade atual média.

De 50 a 69 pontos — A pessoa avaliada, provavelmente possui o **TDAH** com gravidade atual moderada.

Acima de 70 pontos — A pessoa avaliada tem **TDAH**

NOTA*: deve-se levar em consideração ainda que, pontuações altas neste exame podem resultar de episódios de ansiedade, depressão ou mania. Estas condições devem ser descartadas antes que um diagnóstico de **TDAH** em adulto possa ser confirmado.

Escalas De Avaliação de Conners
Versões para Pais e Professores

Entre os instrumentos mais utilizados atualmente para verificar as características diagnósticas do Transtorno do Déficit de Atenção com Hiperatividade (**TDAH**) destaque para o Conners Rating Scales (parents' and teachers' versions), Escalas de Avaliação de Conners — Versões para Pais e Professores. Elaborado em 1969, pelo então psicólogo norte-americano, Carmen Keith Conners, a escala foi ligeiramente adaptada para outros países, e com sua ampla difusão tornou-se uma das ferramentas mais bem avaliadas para constatar a presença dos sintomas do **TDAH**. Contudo, apesar de toda sua eficácia reconhecida mundialmente, por apresentar uma estrutura similar ao de uma entrevista semiestruturada, a sua aplicação isolada, não pode ratificar o diagnóstico do **TDAH**.

Escala De Conners Para Professores – Versão Reduzida

Abaixo serão apresentados os problemas mais frequentes que acometem as crianças durante o seu processo de desenvolvimento. E, embora muitas dessas características sejam adequadas aos comportamentos normais, deve ser analisado, atentamente, se essas manifestações apresentam elevados valores em nível de intensidade, frequência e/ou duração. Dessa maneira, as questões abaixo deverão ser respondidas considerando o comportamento da criança durante o último mês. Portanto, recomenda-se que, para cada item, pergunte-se: "Com que frequência isto aconteceu no último mês?" Em seguida, para cada uma das 28 proposições apresentadas, marque 1 das 4 respostas abaixo que melhor corresponda à pessoa avaliada.

1. **Nunca = 0 Pontos**
2. **Um Pouco = 1 Ponto**
3. **Frequentemente = 2 Pontos**
4. **Muito Frequentemente = 3 Pontos**

1. Desatento (a). Distrai-se facilmente

( ) Nunca

( ) Um Pouco

( ) Frequentemente

( ) Muito Frequentemente

2. Comportamento desafiante com adultos

( ) Nunca

( ) Um Pouco

( ) Frequentemente

( ) Muito Frequentemente

3. Inquieto (a). Parece ter "bichos carpinteiros" (mexe o corpo sem sair do lugar)

( ) Nunca

( ) Um Pouco

( ) Frequentemente

( ) Muito Frequentemente

4. Esquece-se de coisas que ele (a) já havia aprendido

( ) Nunca

( ) Um Pouco

( ) Frequentemente

( ) Muito Frequentemente

5. Perturba as outras crianças

( ) Nunca

( ) Um Pouco

( ) Frequentemente

( ) Muito Frequentemente

6. Desafia o adulto e não colabora com os pedidos que lhe são feitos

( ) Nunca

( ) Um Pouco

( ) Frequentemente

( ) Muito Frequentemente

7. Mexe-se muito como estivesse sempre "ligado (a) a um motor"

( ) Nunca

( ) Um Pouco

( ) Frequentemente

( ) Muito Frequentemente

8. Soletra de forma pobre

( ) Nunca

( ) Um Pouco

( ) Frequentemente

( ) Muito Frequentemente

9. Não consegue permanecer sossegado (a) por muito tempo

( ) Nunca

( ) Um Pouco

( ) Frequentemente

( ) Muito Frequentemente

10. Vingativo (a) ou maldoso (a)

( ) Nunca

( ) Um Pouco

( ) Frequentemente

( ) Muito Frequentemente

11. Levanta-se do lugar na sala de aula ou em outras situações em que deveria ficar sentado (a)

( ) Nunca

( ) Um Pouco

( ) Frequentemente

( ) Muito Frequentemente

12. Mexe os pés e/ou as mãos e está irrequieto (a) no seu lugar

( ) Nunca

( ) Um Pouco

( ) Frequentemente

( ) Muito Frequentemente

13. Capacidade de leitura abaixo do esperado

( ) Nunca

( ) Um Pouco

( ) Frequentemente

( ) Muito Frequentemente

14. Tem um tempo curto de atenção

( ) Nunca

( ) Um Pouco

( ) Frequentemente

( ) Muito Frequentemente

15. Costuma argumentar ou contestar os adultos

( ) Nunca

( ) Um Pouco

( ) Frequentemente

( ) Muito Frequentemente

16. Direciona atenção apenas para assuntos que lhe interessam

( ) Nunca

( ) Um Pouco

( ) Frequentemente

( ) Muito Frequentemente

17. Tem dificuldade em esperar a sua vez

( ) Nunca

( ) Um Pouco

( ) Frequentemente

( ) Muito Frequentemente

18. Demonstra desinteresse pelos trabalhos escolares

( ) Nunca

( ) Um Pouco

( ) Frequentemente

( ) Muito Frequentemente

19. Distraído (a) ou apresentando curto tempo de atenção

( ) Nunca

( ) Um Pouco

( ) Frequentemente

( ) Muito Frequentemente

20. Tem um temperamento explosivo e imprevisível

( ) Nunca

( ) Um Pouco

( ) Frequentemente

( ) Muito Frequentemente

21. Corre em volta do espaço ou galga de forma excessiva em situações que esses comportamentos são inadequados

( ) Nunca

( ) Um Pouco

( ) Frequentemente

( ) Muito Frequentemente

22. Pobre em aritmética

( ) Nunca

( ) Um Pouco

( ) Frequentemente

( ) Muito Frequentemente

23. Interrompe e/ou se intromete nos jogos ou conversas de outros

( ) Nunca

( ) Um Pouco

( ) Frequentemente

( ) Muito Frequentemente

24. Tem dificuldade em empenhar-se em jogos ou atividades de lazer, de forma sossegada

( ) Nunca

( ) Um Pouco

( ) Frequentemente

( ) Muito Frequentemente

25. Geralmente, não conclui as coisas que começa

( ) Nunca

( ) Um Pouco

( ) Frequentemente

( ) Muito Frequentemente

26. Não costuma seguir as instruções que lhe foram dadas e não termina atividades escolares (não devido a comportamentos de oposição, nem por falta de compreensão do que lhe foi pedido)

( ) Nunca

( ) Um Pouco

( ) Frequentemente

( ) Muito Frequentemente

27. Excitável e impulsivo (a)

( ) Nunca

( ) Um Pouco

( ) Frequentemente

( ) Muito Frequentemente

28. Inquieto (a). Está sempre se levantando da cadeira e a movimentar-se pelo espaço da sala

( ) Nunca

( ) Um Pouco

( ) Frequentemente

( ) Muito Frequentemente

Escala De Conners Para os Pais – Versão Reduzida

A seguir serão apresentados os problemas mais frequentes que acometem as crianças durante o seu processo de desenvolvimento. E, embora muitas dessas características sejam adequadas aos comportamentos normais, deve ser analisado, atentamente, se essas manifestações apresentam elevados valores em nível de intensidade, frequência e/ou duração. Dessa maneira, as questões abaixo deverão ser respondidas considerando o comportamento da criança durante o último mês. Portanto, recomenda-se que, para cada item, pergunte-se: "Com que frequência isto aconteceu no último mês?" Em seguida, para cada uma das 27 proposições apresentadas, marque 1 das 4 respostas abaixo que melhor corresponda à pessoa avaliada.

1. **Nunca = 0 Pontos**
2. **Um Pouco = 1 Ponto**
3. **Frequentemente = 2 Pontos**
4. **Muito Frequentemente = 3 Pontos**

1. **Desatento (a). Distrai-se facilmente**

( ) Nunca

( ) Um Pouco

( ) Frequentemente

( ) Muito Frequentemente

2. Furioso (a). Zanga-se com facilidade, e fica ressentido (a)

( ) Nunca

( ) Um Pouco

( ) Frequentemente

( ) Muito Frequentemente

3. Dificuldade em fazer ou acabar os trabalhos de casa

( ) Nunca

( ) Um Pouco

( ) Frequentemente

( ) Muito Frequentemente

4. Está sempre a movimentar-se ou age como "tendo as pilhas carregadas" ou como se "estivesse ligado(a) a um motor"

( ) Nunca

( ) Um Pouco

( ) Frequentemente

( ) Muito Frequentemente

5. Tempo curto de atenção

( ) Nunca

( ) Um Pouco

( ) Frequentemente

( ) Muito Frequentemente

6. Discute e/ou argumenta com os adultos de maneira desadequada

( ) Nunca

( ) Um Pouco

( ) Frequentemente

( ) Muito Frequentemente

7. Mexe muito os pés e as mãos e mexe-se ainda que sentado(a) no lugar

( ) Nunca

( ) Um Pouco

( ) Frequentemente

( ) Muito Frequentemente

8. Geralmente, não consegue e/ou tem dificuldade para completar suas atividades

( ) Nunca

( ) Um Pouco

( ) Frequentemente

( ) Muito Frequentemente

9. Difícil de se controlar em centros comerciais ou lugares públicos

( ) Nunca

( ) Um Pouco

( ) Frequentemente

( ) Muito Frequentemente

10. Desarrumado(a) e/ou desorganizado(a) em casa e/ou na escola

( ) Nunca

( ) Um Pouco

( ) Frequentemente

( ) Muito Frequentemente

11. Irascível. Perde o controle com facilidade

( ) Nunca

( ) Um Pouco

( ) Frequentemente

( ) Muito Frequentemente

12. Precisa ser cobrado ou acompanhado para executar suas tarefas

( ) Nunca

( ) Um Pouco

( ) Frequentemente

( ) Muito Frequentemente

13. Só presta atenção em coisas que lhe interessam

( ) Nunca

( ) Um Pouco

( ) Frequentemente

( ) Muito Frequentemente

14. Corre em volta do espaço ou galga de forma excessiva em situações onde esses comportamentos são impróprios

( ) Nunca

( ) Um Pouco

( ) Frequentemente

( ) Muito Frequentemente

15. Distraído (a) e/ou com um tempo de atenção curto

( ) Nunca

( ) Um Pouco

( ) Frequentemente

( ) Muito Frequentemente

16. Irritável

( ) Nunca

( ) Um Pouco

( ) Frequentemente

( ) Muito Frequentemente

17. Evita, expressa relutância ou tem dificuldade em empreender tarefas que exigem um esforço mental continuado (tal como trabalhos da escola ou de casa)

( ) Nunca

( ) Um Pouco

( ) Frequentemente

( ) Muito Frequentemente

18. Irrequieto(a) parece que "tem bichos-carpinteiros" (mexe o corpo sem sair do lugar)

( ) Nunca

( ) Um Pouco

( ) Frequentemente

( ) Muito Frequentemente

19. Distrai-se quando lhe estão a dar instruções para fazer uma coisa

( ) Nunca

( ) Um Pouco

( ) Frequentemente

( ) Muito Frequentemente

20. Desafia o adulto ou recusa satisfazer os pedidos que lhe são feitos

( ) Nunca

( ) Um Pouco

( ) Frequentemente

( ) Muito Frequentemente

21. Demonstra problemas de concentração durante as aulas

( ) Nunca

( ) Um Pouco

( ) Frequentemente

( ) Muito Frequentemente

22. Tem dificuldade em permanecer numa fila ou esperar pela sua vez num jogo ou trabalho de grupo

( ) Nunca

( ) Um Pouco

( ) Frequentemente

( ) Muito Frequentemente

23. Levanta-se na sala ou em lugares onde deveria ficar

sentado(a)

( ) Nunca

( ) Um Pouco

( ) Frequentemente

( ) Muito Frequentemente

24. Deliberadamente faz coisas para irritar os outros

( ) Nunca

( ) Um Pouco

( ) Frequentemente

( ) Muito Frequentemente

25. Não segue instruções e normalmente, não termina os trabalhos, tarefas e obrigações no lugar (não é dificuldade em entender as instruções ou recusa)

( ) Nunca

( ) Um Pouco

( ) Frequentemente

( ) Muito Frequentemente

26. Tem dificuldade em brincar ou trabalhar calmamente

( ) Nunca

( ) Um Pouco

( ) Frequentemente

( ) Muito Frequentemente

27. Fica frustrado(a) quando não consegue fazer qualquer coisa

( ) Nunca

( ) Um Pouco

( ) Frequentemente

( ) Muito Frequentemente

Escala de Conners para Pais e Professores
Versão adaptada e validada para utilização no Brasil

Adaptada e validada no Brasil por Barbosa em 1995, a versão integrada da escala de Conners para pais e professores é composto por quatro fatores distribuídos entre 81 proposições, que se caracterizam pelo perfil resultante de crianças e/ou adolescentes com **TDAH**. Assim, enquanto algumas escalas investigam apenas a presença das manifestações sintomáticas atuais, as Escalas de Avaliação de Conners permitem ainda, analisar de modo sistemático, cada um dos sintomas contemplados pelo **DSM**, remontando à infância e adolescência.

1. **Nunca = 0 Pontos**
2. **Às vezes = 1 Ponto**
3. **Frequentemente = 2 Pontos**
4. **Sempre = 3 Pontos**

Versão para pais — Ponto de corte igual a 58

1. Comportamento habitual em casa

Desperta durante a noite

( ) Nunca

( ) Às vezes

( ) Frequentemente

( ) Sempre

Tem medo diante de novas situações

( ) Nunca

( ) Às vezes

( ) Frequentemente

( ) Sempre

Tem medo de gente

( ) Nunca

( ) Às vezes

( ) Frequentemente

( ) Sempre

Tem medo de estar sozinho

( ) Nunca

( ) Às vezes

( ) Frequentemente

( ) Sempre

Preocupa-se com doenças e mortes

( ) Nunca

( ) Às vezes

( ) Frequentemente

( ) Sempre

Mostra-se tenso e rígido

( ) Nunca

( ) Às vezes

( ) Frequentemente

( ) Sempre

Apresenta espasmos musculares

( ) Nunca

( ) Às vezes

( ) Frequentemente

( ) Sempre

Apresenta tremores

( ) Nunca

( ) Às vezes

( ) Frequentemente

( ) Sempre

Sente dores de cabeça

( ) Nunca

( ) Às vezes

( ) Frequentemente

( ) Sempre

Sente dores de estômago

( ) Nunca

( ) Às vezes

( ) Frequentemente

( ) Sempre

Tem vômitos

( ) Nunca

( ) Às vezes

( ) Frequentemente

( ) Sempre

Queixa-se de enfermidades e dores

( ) Nunca

( ) Às vezes

( ) Frequentemente

( ) Sempre

Deixa-se levar por outras crianças

( ) Nunca

( ) Às vezes

( ) Frequentemente

( ) Sempre

Desafia e intimida os demais

( ) Nunca

( ) Às vezes

( ) Frequentemente

( ) Sempre

É valente (arrogante) e desrespeita seus superiores (insolente)

( ) Nunca

( ) Às vezes

( ) Frequentemente

( ) Sempre

É descarado com os adultos

( ) Nunca

( ) Às vezes

( ) Frequentemente

( ) Sempre

É tímido diante dos amigos

( ) Nunca

( ) Às vezes

( ) Frequentemente

( ) Sempre

Teme em não agradar seus amigos

( ) Nunca

( ) Às vezes

( ) Frequentemente

( ) Sempre

Tem amigos

( ) Nunca

( ) Às vezes

( ) Frequentemente

( ) Sempre

É malicioso com seus irmãos

( ) Nunca

( ) Às vezes

( ) Frequentemente

( ) Sempre

Briga constantemente

( ) Nunca

( ) Às vezes

( ) Frequentemente

( ) Sempre

Critica muito outras crianças

( ) Nunca

( ) Às vezes

( ) Frequentemente

( ) Sempre

Aprende na escola

( ) Nunca

( ) Às vezes

( ) Frequentemente

( ) Sempre

Gosta de ir à escola

( ) Nunca

( ) Às vezes

( ) Frequentemente

( ) Sempre

Tem medo de ir à escola

( ) Nunca

( ) Às vezes

( ) Frequentemente

( ) Sempre

Desobedece as normas da escola

( ) Nunca

( ) Às vezes

( ) Frequentemente

( ) Sempre

Mente, culpando os outros pelos seus erros

( ) Nunca

( ) Às vezes

( ) Frequentemente

( ) Sempre

Rouba de seus pais

( ) Nunca

( ) Às vezes

( ) Frequentemente

( ) Sempre

Realiza furtos na escola

( ) Nunca

( ) Às vezes

( ) Frequentemente

( ) Sempre

Rouba em lojas, em barracas e em outros lugares

( ) Nunca

( ) Às vezes

( ) Frequentemente

( ) Sempre

Tem problemas com a polícia

( ) Nunca

( ) Às vezes

( ) Frequentemente

( ) Sempre

Pretende fazer tudo bem feito (perfeccionista)

( ) Nunca

( ) Às vezes

( ) Frequentemente

( ) Sempre

Necessita fazer sempre as coisas da mesma maneira

( ) Nunca

( ) Às vezes

( ) Frequentemente

( ) Sempre

Tem objetivos grandiosos (sonha alto)

( ) Nunca

( ) Às vezes

( ) Frequentemente

( ) Sempre

Distrai-se facilmente

( ) Nunca

( ) Às vezes

( ) Frequentemente

( ) Sempre

Mostra-se nervoso e inquieto

( ) Nunca

( ) Às vezes

( ) Frequentemente

( ) Sempre

Não consegue ficar quieto

( ) Nunca

( ) Às vezes

( ) Frequentemente

( ) Sempre

Sobe por todas as partes dos lugares

( ) Nunca

( ) Às vezes

( ) Frequentemente

( ) Sempre

Desperta muito cedo

( ) Nunca

( ) Às vezes

( ) Frequentemente

( ) Sempre

Não fica quieto durante as refeições

( ) Nunca

( ) Às vezes

( ) Frequentemente

( ) Sempre

Se começa a fazer algo repetitivo tem dificuldade de parar

( ) Nunca

( ) Às vezes

( ) Frequentemente

( ) Sempre

Suas atitudes aparentam serem movidas por um motor

( ) Nunca

( ) Às vezes

( ) Frequentemente

( ) Sempre

Versão para professores — Ponto de corte igual a 62

2. Comportamento na sala de aula

Está constantemente se mexendo

( ) Nunca

( ) Às vezes

( ) Frequentemente

( ) Sempre

Emite sons, ruídos

( ) Nunca

( ) Às vezes

( ) Frequentemente

( ) Sempre

Gosta que seus pedidos sejam ligeiramente atendidos

( ) Nunca

( ) Às vezes

( ) Frequentemente

( ) Sempre

Possui coordenação motora comprometida

( ) Nunca

( ) Às vezes

( ) Frequentemente

( ) Sempre

Irrequieto, superativo

( ) Nunca

( ) Às vezes

( ) Frequentemente

( ) Sempre

Excitável, impulsivo

( ) Nunca

( ) Às vezes

( ) Frequentemente

( ) Sempre

Desatento e facilmente distraído

( ) Nunca

( ) Às vezes

( ) Frequentemente

( ) Sempre

Normalmente, não termina o que começa

( ) Nunca

( ) Às vezes

( ) Frequentemente

( ) Sempre

Excessivamente sensível

( ) Nunca

( ) Às vezes

( ) Frequentemente

( ) Sempre

Extremamente sério e/ou triste

( ) Nunca

( ) Às vezes

( ) Frequentemente

( ) Sempre

Sonha acordado

( ) Nunca

( ) Às vezes

( ) Frequentemente

( ) Sempre

Mal-humorado, rabugento

( ) Nunca

( ) Às vezes

( ) Frequentemente

( ) Sempre

Chora com facilidade

( ) Nunca

( ) Às vezes

( ) Frequentemente

( ) Sempre

Perturba outras crianças

( ) Nunca

( ) Às vezes

( ) Frequentemente

( ) Sempre

Provoca confusões

( ) Nunca

( ) Às vezes

( ) Frequentemente

( ) Sempre

Humor oscila drasticamente e com rapidez

( ) Nunca

( ) Às vezes

( ) Frequentemente

( ) Sempre

Astucioso, gosta de bancar o espertalhão

( ) Nunca

( ) Às vezes

( ) Frequentemente

( ) Sempre

Destrutivo

( ) Nunca

( ) Às vezes

( ) Frequentemente

( ) Sempre

Furta

( ) Nunca

( ) Às vezes

( ) Frequentemente

( ) Sempre

Mente

( ) Nunca

( ) Às vezes

( ) Frequentemente

( ) Sempre

Explosões de raiva, comportamento imprevisível, explosivo

( ) Nunca

( ) Às vezes

( ) Frequentemente

( ) Sempre

3. Participação em Grupo

Isola-se das outras crianças

( ) Nunca

( ) Às vezes

( ) Frequentemente

( ) Sempre

Parece não ser aceito pelo grupo

( ) Nunca

( ) Às vezes

( ) Frequentemente

( ) Sempre

Parece se deixar levar com facilidade

( ) Nunca

( ) Às vezes

( ) Frequentemente

( ) Sempre

Não demonstra "espírito esportivo"

( ) Nunca

( ) Às vezes

( ) Frequentemente

( ) Sempre

Parece não ter habilidade para liderança

( ) Nunca

( ) Às vezes

( ) Frequentemente

( ) Sempre

Não se relaciona bem com o sexo oposto

( ) Nunca

( ) Às vezes

( ) Frequentemente

( ) Sempre

Não se relaciona bem com crianças do mesmo sexo

( ) Nunca

( ) Às vezes

( ) Frequentemente

( ) Sempre

Provoca outras crianças ou interfere nas suas atividades deliberadamente

( ) Nunca

( ) Às vezes

( ) Frequentemente

( ) Sempre

4. Atitude em relação a autoridades

Submissa

(   ) Nunca

(   ) Às vezes

(   ) Frequentemente

(   ) Sempre

Desafiadora

(   ) Nunca

(   ) Às vezes

(   ) Frequentemente

(   ) Sempre

Atrevida

(   ) Nunca

(   ) Às vezes

(   ) Frequentemente

(   ) Sempre

Tímida

(   ) Nunca

(   ) Às vezes

(   ) Frequentemente

(   ) Sempre

Medrosa

( ) Nunca

( ) Às vezes

( ) Frequentemente

( ) Sempre

Excessiva exigência da atenção. Principalmente, do professor

( ) Nunca

( ) Às vezes

( ) Frequentemente

( ) Sempre

Teimosa

( ) Nunca

( ) Às vezes

( ) Frequentemente

( ) Sempre

Excessivamente ansiosa para agradar

( ) Nunca

( ) Às vezes

( ) Frequentemente

( ) Sempre

De não cooperação

( ) Nunca

( ) Às vezes

( ) Frequentemente

( ) Sempre

Falta às aulas com frequência

( ) Nunca

( ) Às vezes

( ) Frequentemente

( ) Sempre

Structured Adults ADHD Self-Test (SAAST)

Desenvolvido pelo Dr. Greg Mulhauser, O Autoteste estruturado para adultos com **TDAH** é uma avaliação de triagem que serve apenas como um recurso indicativo para o diagnóstico do **TDAH** em adultos. Formado por 22 perguntas que se diferenciam entre dois componentes distintos do diagnóstico de **TDAH** (desatenção junto com hiperatividade/impulsividade) essa ferramenta mostra-se também sensível aos fatores que normalmente impedem o diagnóstico de **TDAH**.

Como Usar

De acordo com os valores apresentados para as 4 opções de resposta as 22 sentenças propostas abaixo devem corresponder à maneira de como a pessoa avaliada se sentiu e se comportou durante a maior parte da sua vida adulta.

1. **Não, de jeito nenhum = 0 Pontos**
2. **Sim, um pouco = 1 Ponto**
3. **Sim, moderadamente = 2 Pontos**
4. **Sim, muito = 3 Pontos**

1. Descobri que cometi erros por descuidos no trabalho, na escola ou em outras atividades, porque tenho dificuldade em prestar atenção aos detalhes.

( ) Não, de jeito nenhum

( ) Sim, um pouco

( ) Sim, moderadamente

( ) Sim, muito

2. Eu tenho tendência de me mexer com as mãos, os pés, ou de me contorcer, frequentemente, nos lugares que deveria permanecer quieto.

( ) Não, de jeito nenhum

( ) Sim, um pouco

( ) Sim, moderadamente

( ) Sim, muito

3. Muitas vezes, me distraio e me perco no que está sendo dito nas conversas.

( ) Não, de jeito nenhum

( ) Sim, um pouco

( ) Sim, moderadamente

( ) Sim, muito

4. Eu prefiro correr ou subir nas coisas, mesmo quando sei que não se encaixa na situação.

( ) Não, de jeito nenhum

( ) Sim, um pouco

( ) Sim, moderadamente

( ) Sim, muito

5. Eu acho difícil organizar minhas tarefas e/ou atividades.

( ) Não, de jeito nenhum

( ) Sim, um pouco

( ) Sim, moderadamente

( ) Sim, muito

6. Eu estou frequentemente "em movimento".

( ) Não, de jeito nenhum

( ) Sim, um pouco

( ) Sim, moderadamente

( ) Sim, muito

7. Eu costumo perder coisas que preciso para usar na escola ou no trabalho.

( ) Não, de jeito nenhum

( ) Sim, um pouco

( ) Sim, moderadamente

( ) Sim, muito

8. Não consigo deixar de responder antes mesmo que alguém tenha terminado de me fazer uma pergunta.

( ) Não, de jeito nenhum

( ) Sim, um pouco

( ) Sim, moderadamente

( ) Sim, muito

9. Sou esquecido durante minhas atividades diárias.

( ) Não, de jeito nenhum

( ) Sim, um pouco

( ) Sim, moderadamente

( ) Sim, muito

10. Eu acho difícil manter minha atenção naquilo que estou fazendo, seja trabalhando ou jogando.

( ) Não, de jeito nenhum

( ) Sim, um pouco

( ) Sim, moderadamente

( ) Sim, muito

11. Eu acho difícil ficar sentado, mesmo quando sei que preciso esperar por algo.

( ) Não, de jeito nenhum

( ) Sim, um pouco

( ) Sim, moderadamente

( ) Sim, muito

12. Acho difícil seguir instruções ou concluir tarefas ou deveres, mesmo compreendendo que é isso o que se espera de mim.

( ) Não, de jeito nenhum

( ) Sim, um pouco

( ) Sim, moderadamente

( ) Sim, muito

13. Eu acho difícil me envolver em atividades lúdicas ou de lazer que são silenciosas.

( ) Não, de jeito nenhum

( ) Sim, um pouco

( ) Sim, moderadamente

( ) Sim, muito

14. Eu não gosto de ter que fazer algo que exige um esforço mental sustentado.

( ) Não, de jeito nenhum

( ) Sim, um pouco

( ) Sim, moderadamente

( ) Sim, muito

15. Eu costumo falar excessivamente.

( ) Não, de jeito nenhum

( ) Sim, um pouco

( ) Sim, moderadamente

( ) Sim, muito

16. Estou facilmente distraído.

( ) Não, de jeito nenhum

( ) Sim, um pouco

( ) Sim, moderadamente

( ) Sim, muito

17. Tenho dificuldade em esperar a minha vez.

( ) Não, de jeito nenhum

( ) Sim, um pouco

( ) Sim, moderadamente

( ) Sim, muito

18. Eu, frequentemente, interrompo os outros.

( ) Não, de jeito nenhum

( ) Sim, um pouco

( ) Sim, moderadamente

( ) Sim, muito

19. Mesmo antes dos 7 anos de idade, algumas das questões anteriores (1-18) ainda teriam sido marcadas com "Sim, moderadamente" ou "Sim, muito".

( ) Não

( ) Sim

20. Tenho problemas relacionados a algumas das situações acima em mais de um contexto. Ou seja, tenho manifestações desses problemas não apenas em casa, nem somente no trabalho.

( ) Não

( ) Sim

21. A presença desses problemas costuma desencadear alguns prejuízos em minha vida social, acadêmica, profissional e/ou em meus relacionamentos interpessoais.

( ) Não, de jeito nenhum

( ) Sim, um pouco

( ) Sim, moderadamente

( ) Sim, muito

22. Eu já fui diagnosticado antes com outro Transtorno que também poderia justificar os tipos de experiências propostos acima. Ou acredito que possa estar passando por tal desordem. Isso pode incluir Transtorno Invasivo do Desenvolvimento (TID), Transtorno do Humor, Transtorno de Ansiedade, Transtorno Dissociativo, Transtorno da Personalidade, Esquizofrenia ou outro Transtorno Psicótico.

( ) Não

( ) Sim

Como Avaliar

Pontuação para as perguntas 1-18:

0 — Não, de jeito nenhum
1 — Sim, um pouco
2 — Sim, moderadamente
3 — Sim, muito

Isso produz uma pontuação máxima total de 54. A pergunta 21 é pontuada na mesma escala, entretanto, é usada para julgar se um diagnóstico de **TDAH** deve ser excluído. Portanto, não deve ser incluída no total final dos pontos. As questões 19, 20 e 22 com a possibilidade de respostas somente para SIM / NÃO são pontuadas como uma escolha binária e são usadas novamente para descartar o diagnóstico de **TDAH**.

Por exemplo, a pergunta 19 sobre a presença dos sintomas antes dos 7 anos.

Informação Adicional

Pontuações acima de 24, juntamente com a ausência de fatores atenuantes (outras condições médicas) são, geralmente, consistentes para a presença do **TDAH**. Logo, se a pessoa avaliada obteve mais de 24 pontos neste teste é recomendável que procure um especialista para realizar uma avaliação mais detalhada e precisa.

Questionário Inicial Para Pais e Professores

Composto por 120 sentenças, a versão integrada do Questionário Inicial para Pais (QIPAIS) e do Questionário Inicial para Professores (QIPROF) foi desenvolvido através da junção das características presentes em 4 diferentes ferramentas usadas no diagnóstico do **TDAH: (1)** DSM, **(2)** Child Behavior Checklist (CBCL), **(3)** Escala de Conners, **(4)** SNAP-IV.

Como Usar

A seguir serão relacionados os termos descritivos de comportamentos de seu aluno (a) ou filho (a). Leia, atentamente, cada item, e de acordo com as 5 opções abreviadas de resposta abaixo, assinale aquela que melhor corresponde à pessoa avaliada.

1. **Nunca / Nem Um Pouco = (N)**
2. **Às Vezes / Raramente = (AV)**
3. **Muitas Vezes / Frequentemente = (MV)**
4. **Sempre = (S)**
5. **Não Sei Informar = (NSI)**

1. Falha em prestar atenção aos detalhes ou comete erros por falta de cuidado em trabalhos escolares e tarefas

(N)

(A V)

(M V)

(S)

(N S I)

2. Dificuldade em terminar o que começa

(N)

(A V)

(M V)

(S)

(N S I)

3. É desorganizado em suas lições de classe, tarefas ou atividades

(N)

(A V)

(M V)

(S)

(N S I)

4. Esquece as atividades diárias (tarefas, recados, obrigações)

(N)

(A V)

(M V)

(S)

(N S I)

5. Parece não ouvir quando falam com ele

(N)

(A V)

(M V)

(S)

(N S I)

6. Incapaz de prestar atenção numa mesma coisa durante muito tempo

(N)

(A V)

(M V)

(S)

(N S I)

7. Tem dificuldades para seguir instruções, terminar deveres de casa, tarefas, ou obrigações

(N)

(A V)

(MV)

(S)

(NSI)

8. Distrai-se facilmente por barulhos ou outros estímulos na aula

(N)

(AV)

(MV)

(S)

(NSI)

9. Evita, não gosta ou reluta em participar de tarefas e brincadeiras que exijam esforço mental

(N)

(AV)

(MV)

(S)

(NSI)

10. Perde coisas (brinquedos, livros, lápis, cadernos, jaquetas, chinelos)

(N)

(AV)

(MV)

(S)

(NSI)

11. Tem dificuldade de permanecer atento durante as explicações, para responder pedidos ou executar ordens

(N)

(AV)

(MV)

(S)

(NSI)

12. Tem dificuldade para manter a atenção em tarefas ou brincadeiras

(N)

(AV)

(MV)

(S)

(NSI)

13. Vive sonhando, no "mundo da lua"

(N)

(AV)

(MV)

(S)

(N S I)

14. Dificuldade em prestar atenção em uma atividade ou conversa

(N)

(A V)

(M V)

(S)

(N S I)

15. Esquece rápido o que acaba de ser dito

(N)

(A V)

(M V)

(S)

(N S I)

16. Geralmente, termina com atraso as atividades escolares

(N)

(A V)

(M V)

(S)

(N S I)

17. Dificuldade em cumprir ordens

(N)

(AV)

(MV)

(S)

(NSI)

18. Dificuldade para seguir instruções

(N)

(AV)

(MV)

(S)

(NSI)

19. Dificuldade para esperar a vez

(N)

(AV)

(MV)

(S)

(NSI)

20. Age imprudentemente (corre riscos)

(N)

(AV)

(MV)

(S)

(NSI)

21. Faz tarefas rapidamente para se sentir livre. Está sempre com muita pressa

(N)

(AV)

(MV)

(S)

(NSI)

22. Responde antes de ouvir toda pergunta

(N)

(AV)

(MV)

(S)

(NSI)

23. Parece estar sempre "a todo vapor" ou "ligado num motor"

(N)

(AV)

(MV)

(S)

(NSI)

24. Age sem pensar (é impulsivo)

(N)

(AV)

(MV)

(S)

(NSI)

25. Interrompe ou se intromete nas conversas, brincadeiras

(N)

(AV)

(MV)

(S)

(NSI)

26. Fala demais (atrapalha a aula)

(N)

(AV)

(MV)

(S)

(NSI)

27. Tem dificuldade em permanecer sentado. Se remexe e/

ou se levanta das cadeiras

(N)

(AV)

(MV)

(S)

(NSI)

28. Tem dificuldade para brincar ou participar silenciosamente em atividade de lazer

(N)

(AV)

(MV)

(S)

(NSI)

29. Conversa demais (atrapalha o ambiente ou a aula)

(N)

(AV)

(MV)

(S)

(NSI)

30. Corre ou sobe pelas paredes em situações inadequadas

(N)

(A V)

(M V)

(S)

(N S I)

31. É impaciente e inquieto

(N)

(A V)

(M V)

(S)

(N S I)

32. Exige que suas solicitações sejam atendidas imediatamente

(N)

(A V)

(M V)

(S)

(N S I)

33. Agita mãos e pés e se agita na cadeira/carteira

(N)

(A V)

(M V)

(S)

(NSI)

34. Quebra ou destrói material escolar ou outros objetos

(N)

(AV)

(MV)

(S)

(NSI)

35. Acidenta-se facilmente

(N)

(AV)

(MV)

(S)

(NSI)

36. Fala com dificuldade

(N)

(AV)

(MV)

(S)

(NSI)

37. Dificuldade em redigir textos (sintetizar, resumir, falta

de conteúdo ou coerência)

(N)

(A V)

(M V)

(S)

(N S I)

38. Leitura lenta, silabada, vacilante, não automatizada

(N)

(A V)

(M V)

(S)

(N S I)

39. Dificuldade na interpretação de textos lidos

(N)

(A V)

(M V)

(S)

(N S I)

40. Dificuldade na interpretação de textos escritos

(N)

(A V)

(MV)

(S)

(NSI)

41. Apresenta dificuldades na escrita: trocas, substituições, espelhamento ou aglutinação

(N)

(AV)

(MV)

(S)

(NSI)

42. Apresenta caligrafia desleixada

(N)

(AV)

(MV)

(S)

(NSI)

43. Apresenta acentuação e pontuação inadequada

(N)

(AV)

(MV)

(S)

(NSI)

44. O raciocínio lógico é lento

(N)

(AV)

(MV)

(S)

(NSI)

45. Falha na resolução de problemas matemáticos

(N)

(AV)

(MV)

(S)

(NSI)

46. Realiza operações matemáticas com dificuldade (de acordo a série)

(N)

(AV)

(MV)

(S)

(NSI)

47. Rende abaixo do esperado na escola

(N)

(AV)

(MV)

(S)

(NSI)

48. Tem dificuldade para expressar oralmente seus pensamentos

(N)

(AV)

(MV)

(S)

(NSI)

49. Evita tarefas que exigem esforço mental constante

(N)

(AV)

(MV)

(S)

(NSI)

50. Apresenta dificuldade na motricidade fina (desenhos, fazer laço, amarrar, abotoar, usar a tesoura)

(N)

(AV)

(MV)

(S)

(NSI)

51. Apresenta dificuldade na motricidade global (equilíbrio, cai com frequência)

(N)

(AV)

(MV)

(S)

(NSI)

52. Evita tarefas ou trabalhos escolares

(N)

(AV)

(MV)

(S)

(NSI)

53. Evita estudar (falta motivação para estudar e fazer tarefas)

(N)

(AV)

(M V)

(S)

(N S I)

54. Participa pouco em aula e pede ajuda quando necessário

(N)

(A V)

(M V)

(S)

(N S I)

55. Estuda pouco para as avaliações

(N)

(A V)

(M V)

(S)

(N S I)

56. Perde a calma facilmente (pavio curto)

(N)

(A V)

(M V)

(S)

(NSI)

57. Discute com adultos (atrevido, debochado, ousado)

(N)
(AV)
(MV)
(S)
(NSI)

58. É valentão ou agressivo com outras pessoas

(N)
(AV)
(MV)
(S)
(NSI)

59. Desafia ou se recusa a seguir as regras ou os pedidos / solicitações como escovar os dentes, tomar banho, fazer tarefas

(N)
(AV)
(MV)
(S)
(NSI)

60. Faz de propósito coisas que incomodam ou interfere nas atividades

(N)

(AV)

(MV)

(S)

(NSI)

61. Culpa os outros pelos seus erros ou conduta inadequada

(N)

(AV)

(MV)

(S)

(NSI)

62. Perturba outras crianças (irrita outras crianças com palhaçadas, empurrões ou cutucões)

(N)

(AV)

(MV)

(S)

(NSI)

63. É bravo e/ou ressentido

(N)

(AV)

(MV)

(S)

(NSI)

64. Guarda ódio ou é vingativo

(N)

(AV)

(MV)

(S)

(NSI)

65. É negativista, desafiante, desobediente ou hostil contra autoridades

(N)

(AV)

(MV)

(S)

(NSI)

66. Machuca outras crianças

(N)

(A V)

(M V)

(S)

(N S I)

67. Furta alguma coisa (dinheiro, material escolar, brinquedos)

(N)

(A V)

(M V)

(S)

(N S I)

68. Frustra-se facilmente se não atendido

(N)

(A V)

(M V)

(S)

(N S I)

69. É mal-humorado

(N)

(A V)

(M V)

(S)

(NSI)

70. Destrói a propriedade alheia (vandalismo)

(N)

(AV)

(MV)

(S)

(NSI)

71. É mentiroso (mente, fraude, cola, copia o trabalho, trapaceia)

(N)

(AV)

(MV)

(S)

(NSI)

72. Viola as regras seriamente - gazeia aula, foge, ignora regras da classe

(N)

(AV)

(MV)

(S)

(NSI)

73. Coopera pouco com os professores e/ou colegas

(N)
(AV)
(MV)
(S)
(NSI)

74. Age espertamente (malandro), sempre quer levar vantagem

(N)
(AV)
(MV)
(S)
(NSI)

75. È manipulador

(N)
(AV)
(MV)
(S)
(NSI)

76. Apresenta acesso de fúria / possui temperamento

explosivo

(N)

(AV)

(MV)

(S)

(NSI)

77. É rejeitado pelos colegas ou familiares

(N)

(AV)

(MV)

(S)

(NSI)

78. Dificuldades para aceitar limites

(N)

(AV)

(MV)

(S)

(NSI)

79. Causa confusão em reuniões, festas, parques ou sala de aula

(N)

(AV)

(MV)

(S)

(NSI)

80. É triste, vazio ou infeliz

(N)

(AV)

(MV)

(S)

(NSI)

81. Chora fácil

(N)

(AV)

(MV)

(S)

(NSI)

82. Sente-se culpado ou inútil ou incapaz ou se acha feio

(N)

(AV)

(MV)

(S)

(NSI)

83. Falta interesse ou prazer pelas atividades (desânimo ou sem gosto pelas coisas ou indisposição)

(N)

(AV)

(MV)

(S)

(NSI)

84. Cansa-se fácil

(N)

(AV)

(MV)

(S)

(NSI)

85. Apresenta falta ou apetite exagerado

(N)

(AV)

(MV)

(S)

(NSI)

86. Isola-se ou brinca só

(N)

(AV)

(MV)

(S)

(NSI)

87. Fala em morrer ou tem ideias, planos ou tentativa de suicídio

(N)

(AV)

(MV)

(S)

(NSI)

88. Sintomas físicos persistentes - dor cabeça, ou abdominal ou nas pernas, diarreia, vômito, tontura

(N)

(AV)

(MV)

(S)

(NSI)

89. Tem ansiedade ou preocupação excessiva

(N)

(A V)

(M V)

(S)

(N S I)

90. Apresenta baixa autoestima na maior parte do tempo

(N)

(A V)

(M V)

(S)

(N S I)

91. Inconsequente em seus atos (não se preocupa com a opinião dos outros)

(N)

(A V)

(M V)

(S)

(N S I)

92. É pessimista, desanimado ou sem esperança

(N)

(A V)

(M V)

(S)

(NSI)

93. Humor variável (tristeza e/ou irritabilidade)

(N)

(AV)

(MV)

(S)

(NSI)

94. Tem medos ou apresenta crises de pânico

(N)

(AV)

(MV)

(S)

(NSI)

95. Tem compulsões (comportamentos repetitivos ou atos para reduzir ansiedade ou angústia: mania de limpeza, verificação se a porta está aberta, repetição como contar números etc.)

(N)

(AV)

(MV)

(S)

(NSI)

96. Tem manias ou rituais

(N)

(AV)

(MV)

(S)

(NSI)

97. Fala ou faz gestos obscenos intencionais

(N)

(AV)

(MV)

(S)

(NSI)

98. Faz ruídos estranhos (fungar, sons estranhos, palavrões)

(N)

(AV)

(MV)

(S)

(NSI)

99. Tem algum tique nervoso (pisca, mexe com as mãos, ombros, braços, rói unha, chupa os dedos)

(N)

(AV)

(MV)

(S)

(NSI)

100. Preocupa-se com doenças ou mortes

(N)

(AV)

(MV)

(S)

(NSI)

101. Apresenta euforia, alegria exagerada ou inadequada

(N)

(AV)

(MV)

(S)

(NSI)

102. Ideias de grandeza, acha-se "o melhor"

(N)

(AV)

(MV)

(S)

(NSI)

103. Corajoso - enfrenta situações inconsequentemente

(N)

(AV)

(MV)

(S)

(NSI)

104. Comportamento sexual inadequado (forçar ato sexual, abuso, conduta inadequada)

(N)

(AV)

(MV)

(S)

(NSI)

105. Evita olhar nos olhos dos outros

(N)

(AV)

(MV)

(S)

(NSI)

106. Apresenta movimentos anormais (pulos, bate palmas, balança as mãos, toca as pessoas)

(N)

(AV)

(MV)

(S)

(NSI)

107. É egoísta

(N)

(AV)

(MV)

(S)

(NSI)

108. Age incorretamente: elimina gases, cuspe, empurra os outros

(N)

(AV)

(MV)

(S)

(NSI)

109. Dificuldade para memorizar

(N)

(AV)

(MV)

(S)

(NSI)

110. Machuca e agride animais (cruel)

(N)

(AV)

(MV)

(S)

(NSI)

111. Inicia brigas ou lutas físicas

(N)

(AV)

(MV)

(S)

(NSI)

112. Costuma intimidar ou ameaçar os outros

(N)

(AV)

(MV)

(S)

(NSI)

113. Costuma deixar urina ou fezes nas roupas

(N)

(AV)

(MV)

(S)

(NSI)

114. Varia constantemente de comportamento (tristeza/euforia/agitação)

(N)

(AV)

(MV)

(S)

(NSI)

115. Preocupações com o futuro (com coisas antes de acontecer)

(N)

(A V)

(M V)

(S)

(N S I)

116. Apresenta-se indeciso

(N)

(A V)

(M V)

(S)

(N S I)

117. Preocupações com fatos passadas

(N)

(A V)

(M V)

(S)

(N S I)

118. Costuma estar irritado

(N)

(A V)

(M V)

(S)

(NSI)

119. Apresenta pensamentos obsessivos, desagradáveis, incomodativos

(N)

(AV)

(MV)

(S)

(NSI)

120. Apresenta problemas do sono (insônia, pesadelos, sonambulismo, falar dormindo)

(N)

(AV)

(MV)

(S)

(NSI)

Considerações

a. As dificuldades apresentadas acima interferem e/ou atrapalham na aprendizagem dele (a):

Não ( )

Sim ( )

Não Sei ( )

b. As dificuldades apresentadas acima interferem e/ou atrapalham o relacionamento dele (a) com outras crianças, com os professores, os funcionários da escola e/ou com seus familiares:

Não ( )

Sim ( )

Não Sei ( )

Escala de Avaliação de Wender Utah para o TDAH

Constituída por 61 itens e um subconjunto com 25 questões associadas ao diagnóstico do **TDAH**, a Wender Utah Rating Scale (WURS), Escala de Avaliação de Wender Utah é um instrumento de autorrelato projetado para a avaliação dimensional retrospectiva do **TDAH** na infância para adultos e tem sido amplamente utilizada neste contexto. De acordo com as últimas pesquisas constatou-se também que a escala pode ser usada apropriadamente para prever casos de distimia, transtorno desafiador de oposição, problemas de trabalho escolar, transtorno de conduta, e Transtornos de Ansiedade, em adultos com **TDAH**. Baseada nos critérios do DSM, a Escala de Avaliação de Wender Utah mede os sintomas do **TDAH** em adultos através de sete categorias:

1. Dificuldades De Atenção;
2. Hiperatividade/Inquietação;
3. Temperamento;
4. Labilidade Afetiva;
5. Hiper-Reatividade Emocional;
6. Desorganização;
7. Impulsividade;

Como Usar

As 61 sentenças deverão ser respondidas pelo adulto avaliado, considerando seus comportamentos durante a infância (Quando criança, eu era ou tinha...). E a partir das suas conclusões, assinalar o valor referente a opções de resposta que melhor representa a condição da pessoa avaliada.

1. **Nem um pouco ou muito ligeiramente = 0 Pontos**
2. **Suavemente =1 Ponto**
3. **Moderadamente = 2 Pontos**
4. **Bastante = 3 Pontos**
5. **Muito = 4 Pontos**

Quando criança, eu era (ou tinha)

1. Ativa, agitada e estava sempre em movimento
2. Tinha medo de muitas coisas
3. Problemas de concentração, facilmente distraída
4. Preocupação, ansiedade
5. Nervosa, inquieta
6. Desatenta, "sonhava acordada"
7. Ponto de ebulição, de "baixa ou alta" temperatura
8. Tímida sensível
9. Temperamento explosivo, acessos de raiva
10. Dificuldade com a persistência para conseguir terminar as coisas que começava
11. Teimosa, obstinada

12. Triste, infeliz ou deprimida

13. Incauta e/ou diabólica nas brincadeiras

14. Não curtia as coisas, insatisfeita com a vida

15. Rebelde, desobediente e atrevida com meus pais

16. Baixa opinião sobre mim mesmo

17. Irritável

18. Extrovertida e amigável na companhia de pessoas

19. Desleixada, desorganizada

20. Altas e baixas de humor

21. Brava

22. Amigos populares

23. Bem organizada, arrumada

24. Agindo impulsivamente, sem pensar

25. Tendência a ser imaturo

26. Sentimentos de culpa, de arrependido

27. Perdia o controle de mim mesmo

28. Tendência a ser ou agir de forma irracional

29. Impopular com outras crianças, não mantinha amigos por muito tempo, não me relacionava bem com outras crianças

30. Incoordenada, não participava de esportes

31. Medo de perder o controle

32. Tinha boa coordenação motora, era a primeira escolhida em jogos

33. Descarada (só para mulheres)

34. Fugido de casa

35. Envolvida em brigas

36. Provocando outras crianças

37. Líder, mandona

38. Dificuldade para acordar

39. Era seguidora, conduzida em demasia

40. Dificuldade em ver as coisas do ponto de vista de outra pessoa

41. Problemas com autoridades, visitas escolares ao escritório do diretor

42. Problemas com a polícia

Problemas médicos quando criança

43. Dores de cabeça
44. Dores de estômago
45. Prisão de ventre
46. Diarreia
47. Algumas alergias alimentares
48. Outras alergias
49. Enurese

Quando criança na escola eu era (ou tive)

50. Em geral, um aluno mediano
51. Em geral, um aluno pobre, aprendizado lento
52. Demorei para aprender a ler
53. Leitor lento
54. Dificuldade para inverter as letras
55. Problemas com ortografia
56. Problemas com matemática e/ou números
57. Caligrafia ruim

58. Capaz de ler muito bem, mas nunca gostei muito de ler
59. Não alcançava o potencial esperado
60. Notas baixas repetidas
61. Suspenso ou expulso

25 Questões Relacionadas ao TDAH

3. Problemas de concentração, facilmente distraída

4. Preocupações, ansiedade

5. Nervosa, inquieta

6. Desatenta, "sonhava acordado"

7. Ponto de ebulição, de "baixa ou alta" temperatura

9. Temperamento explosivo, acessos de raiva

10. Dificuldade com a persistência para conseguir terminar as coisas que começava

11. Teimosa, obstinada

12. Triste, infeliz ou deprimida

15. Rebelde, desobediente e atrevida com meus pais

16. Baixa opinião sobre mim mesmo

17. Irritável

20. Mudanças de humor, altas e baixas no temperamento

21. Brava

24. Agindo impulsivamente, sem pensar

25. Tendência a ser imatura

26. Sentimentos de culpa, de arrependido

27. Perdendo o controle de mim mesmo

28. Tendência a ser ou agir de forma irracional

29. Impopular com outras crianças, não mantinha amizades por muito tempo, não me relacionava bem com outras crianças

40. Dificuldade em ver as coisas do ponto de vista de outra pessoa

41. Problemas com autoridades, visitas escolares ao escritório do diretor

Quando criança na escola eu era (ou tive)

51 Em geral, um estudante pobre, com aprendizado lento
56 Problemas com números, cálculos e matemática
59 Não estava alcançando o potencial esperado

Como Avaliar

A soma das 25 questões relacionadas ao **TDAH** é usada para calcular uma pontuação resumida do **TDAH**. Porque a Escala de Avaliação de Wender Utah não classifica, separadamente, os subtipos de **TDAH** (especificadores de apresentação), a pontuação resumida do **TDAH** não pode ser integrada a outro subtipo pontuações.

O Subscore da WURS = _____ (soma das 25 questões relacionadas ao **TDAH**)

Uma pontuação menor que 50 indica que os sintomas de **TDAH** não são consistentes com um diagnóstico positivo para dificuldade de atenção.

Uma pontuação maior ou igual a 50 indica que os sintomas de **TDAH** são consistentes com um diagnóstico positivo para dificuldade de atenção.

A pontuação resumida aumenta à medida que aumenta a gravidade das respostas de **TDAH**. O escore sumário, portanto, é calculado somando as respostas o valor obtido com as 25 questões relacionadas ao **TDAH** e usando um ponto de corte de 46.

Durante meados de 2005, enquanto eu concluía a 1ª Edição do livro, **Eu & Meu Amigo DDA — Autobiografia de um Portador do Transtorno do Déficit de Atenção com Hiperatividade**. Depois de passar um longo período dedicado às pesquisas, troca de informações constantes com estudiosos e outros portadores do distúrbio — além da experiência empírica e sensorial da minha própria vivência com o transtorno — consegui reunir as 75 (setenta e cinco) características cognitivas e comportamentais mais comuns observadas entre os diferentes subtipos do **TDAH**:

1. Tendência a aumentar a proporção de um problema. Por menor que ele seja, pode ser capaz de consumir-lhe por horas, dias ou até mesmo meses.

2. Embora não seja dado às mentiras, adora incrementar os relatos, colocando mais emoção nas histórias antes de contá-las.

3. É capaz de, em apenas um único dia, experimentar as mais extremas oscilações de humor. Podendo acordar triste, e no correr do dia, algo inexplicável ou até mesmo banal reacender o seu entusiasmo.

4. Geralmente é intenso.

5. É impulsivo nas atitudes e/ou nas falas.

6. Perfeccionista. Como uma espécie de defesa antevendo as críticas, ou para encobrir alguns traços de baixa autoestima.

7. Sente que gosta mais do que os outros de ouvir elogios, como se precisasse deles.

8. Muda constantemente de assunto durante as conversas. Quase sempre, enquanto estão falando sobre alguma coisa, já está impaciente por dentro, querendo passar imediatamente para outro assunto.

9. Dificuldade para seguir uma única linha de raciocínio. É capaz de pensar em diversas coisas simultaneamente.

10. Ama intensamente a vida.

11. Foi o palhaço, transgressor ou o líder de grupos nas escolas.

12. Ao notar alguém triste, tenta rapidamente encontrar fórmulas para agradá-la.

13. Tendência à distração. Dificuldade em sustentar a atenção durante muito tempo numa mesma tarefa.

14. Antecipa em pensamentos futuros diálogos. Criando perguntas e/ou já articulando respostas.

15. Deixa coisas, ideias e/ou projetos inacabados.

16. É extremista. Pode-se dizer que é oito ou oitenta.

17. Sente ter muitos momentos de inspiração.

18. Detesta arrogância e injustiça.

19. Normalmente, tem bom domínio sobre assuntos que lhe interessem.

20. Tem concentração seletiva (muita ou pouca concentração): se algo não o interessa, por exemplo, perde-se no meio do parágrafo de um texto ou numa cena de novela mergulhado em seus devaneios. Entretanto, quando o oposto acontece, é capaz de envolver-se de tal maneira dentro dos livros ou filmes, como se fizesse parte deles.

21. Sonha constantemente acordado. Muitas vezes, se entretém tanto com os devaneios que se distrai no momento real.

22. É muito esquecido. Normalmente tem dificuldades em registrar nomes, datas, telefones e compromissos.

23. Dificuldade de organização.

24. Teve apelidos ou ainda os tem, tais como: bagunceiro, desorganizado, mal-educado, burro, lerdo, exagerado, esquecido, desligado, "viajandão" ou preguiçoso.

25. Detesta ser incompreendido ou mal interpretado. Embora, isso aconteça frequentemente.

26. Precisa se conter para não digitar tantas exclamações ou reticências quanto gostaria de fazê-lo nos teclados do computador enquanto escreve.

27. 26, 27 ou 28? Sente isso, às vezes, por se perder facilmente em ordenação e/ou sequência numérica.

28. Mania de explicar as coisas com precisão de detalhes, e de modo minucioso. Tornando-se prolixo diversas vezes.

29. Ao ser questionado sobre algo no qual detenha pleno conhecimento fica com dificuldade em iniciar a explicação. Se o questionarem sobre o que é **DDA**, por exemplo, e detiver amplo conhecimento, não sabe como e nem por onde deve iniciar a explicação. Fica tão agoniado para exteriorizar tudo em total plenitude que muitas vezes não consegue expressar com exatidão tudo aquilo que sabe.

30. Sente que precisa ser cobrado, lembrado e apoiado constantemente para fazer algo que deve ser feito.

31. Geralmente gosta de emoção e aventuras: velocidade no carro, atividades inusitadas, esportes radicais etc.

32. Oscila entre fases de hipersexualidade e de hiposexualidade.

33. Detesta seguir ordens, regras e/ou normas. Ou não as segue, involuntariamente. Geralmente não usa o cinto de segurança.

34. É imediatista. Vive intensamente o agora.

35. Está sempre fazendo muitas coisas ao mesmo tempo.

36. Há dias em que se sente impotente, fraco, inútil, incapaz. Entretanto, em outros, se sente capaz de conquistar e/ou realizar qualquer coisa.

37. Tem imensa dificuldade para dizer "não".

38. Sente desordem mental, como uma espécie de confusão interna. Pensa em um turbilhão de coisas e ideias desconexas simultaneamente.

39. Dificuldade para pegar no sono. Muitas vezes, passa um filme na cabeça antes de adormecer. Normalmente tem insônia e leva problemas para a cama. Por isso, comumente, já acorda indisposto e/ou cansado.

40. Cria pensamentos sequenciados, como, por exemplo, ao ver uma caixa de fósforos, imagina o palito aceso, já ligando a boca de um fogão.

41. Muitas vezes tem ideias geniais. Porém, logo as esquece, ou a incerteza o faz desacreditar. Por isso, muitos desejos ficam restritos a simples vontades.

42. Possui extrema dificuldade de manter-se paciente em filas e/ou em situações que demandem longo tempo de espera.

43. Dificuldade (não impossibilidade) em ser fiel nos relacionamentos. Entretanto, muitas vezes quando trai, faz apenas por emoção, aventura, fuga da rotina ou por gostar de ouvir novos elogios.

44. Possui intolerância em diálogos chatos, conversas sobre assuntos que desconhece e lugares pacatos, monótonos e/ou marasmados.

45. Antecipa as respostas dos outros, se eles seguem um ritmo lento e diferente de seu raciocínio.

46. Oscila entre fases quase compulsivas e outras de desinteresse por comida, sexo e/ou compras.

47. Sente que, por diversas vezes, as palavras simplesmente saem sem que possa avaliar antes as suas consequências. Por isso, constantemente faz comentários inapropriados e/ou acaba sendo indelicado por ser sincero demais.

48. Sofre ao agredir verbalmente alguém ou se arrepende em deixar alguma pessoa sem graça com suas tiradas inadequadas.

49. Tem ótimas respostas e boa presença de espírito.

50. Normalmente é descontraído. Mas como seu humor é instável, às vezes, está apenas reservado em seu mundo.

51. Imensa dificuldade em aceitar as pessoas como elas são, o que o faz cobrar muito dos outros.

52. Com ânsia para falar algo, na velocidade da sua agitação mental, acaba criando palavras que não existem, frases incompletas ou comete erros grotescos na pronúncia.

53. Adora ser testado, incitado e/ou desafiado.

54. Deixa coisas importantes para última hora.

55. Apatia após a realização de algum projeto.

56. De maneira involuntária, sua mente sempre busca algo para se ocupar, como problemas, metas, planos, ideias.

57. Normalmente é vibrante, tem ótima energia e bom astral. Muitas pessoas buscam sua companhia, porque passa coisas boas e não hesita agradar a todos.

58. Nota ser uma pessoa marcante. Percebe que muitos se recordam de você, até mesmo depois de anos.

59. Possui algum tipo de vício: café, chocolate, Coca-Cola, cigarro, álcool, cocaína, maconha etc.

60. Dificuldade para continuar algo com a mesma empolgação com que começou.

61. Quando está numa fase mais agitada, entusiasmado com alguma coisa, dormir causa uma estranha sensação de perda de tempo.

62. Independente do resultado, sempre acredita que aquilo que já foi feito, poderia ter ficado ainda melhor.

63. Problema de autoestima, não apenas aos aspectos físicos, mas principalmente, quanto a sua própria capacidade.

64. Geralmente, carrega traumas da vida acadêmica. Talvez por isso, sofra mais, com críticas ligadas ao intelecto.

65. Dificuldade de permanecer quieto. Essa impaciência o faz experimentar quase todas as posições possíveis quando está sentado.

66. Não poupa elogios aos outros.

67. Gosta de compartilhar sua alegria.

68. Sente ter forte intuição.

69. Sempre se sentiu diferente e/ou incomum.

70. Às vezes, tem a crível impressão que sabe exatamente o que as outras pessoas pensam e/ou sentem.

71. Normalmente é prestativo e generoso.

72. Cuida para que todos se sintam à vontade quando estão ao seu lado.

73. Às vezes, desfila tão aéreo pelas ruas que tem a estranha impressão de ser a única pessoa existente no mundo.

74. Quando vai ler algo, normalmente, passa apenas o olho, e tira a conclusão superficial como se tivesse compreendido tudo.

75. Por maior que domine um assunto com ampla propriedade, sempre acredita que outros devem saber mais.

Sou o espelho da complexidade na sua forma mais simples;

Sou a intensidade com mil exclamações;

Sou dono de questionamentos intermináveis que lancei ao vento;

Sou pedaço do pequeno mundo lá fora, dentro de um enorme universo à parte;

Sou fiel nas traições e sincero demais nas mentiras;

Sou a pressa com todo o tempo disponível;

Sou a bagunça na qual se encontra qualquer coisa;

Sou a continuação das eternas perguntas, e as respostas ainda sem conclusão;

Sou o errado que busca acertar e a sorte de acertar sem querer;

Sou tristeza mascarando alegria, e alegria enrustida de tristeza;

Sou amigo de quase todos, mas poucos conseguiram me cativar;

Sou altruísta com estranhos e egocêntrico com os mais próximos;

Sou humilde por puro charme, mas vaidoso sem ser pedante;

Sou exagerado na medida certa;

Sou crente, mas também sou cético;

Sou tiro de rosas em canhões, mas disparo mágoas com a própria língua;

Sou tão certo quanto à dúvida e tão duvidoso que já nem sei;

Sou gritos desesperados em silêncio;

Sou interpretado como não queria e invisível quando me mostro;

Sou indeciso por pura convicção;

Sou mais do que esperam e bem menos do que precisam;

Sou aquele que voa ainda no chão e o que desfila aéreo pelas ruas;

Sou a rotina inesperada das imprevisíveis aventuras;

Sou tão óbvio quanto à própria contradição.

———————